KB071272

영어, 이번에는 끝까지 가봅시다

일러두기

- 본문 중 우리말로 번역한 문장의 경우 첨자로 원어를 병기하였습니다. 영어 표현의 예시로 사용한 문장의 경우 한국어 번역문을 괄호 안에 수록하였으며, 저자가 즐겨 쓰는 표현을 드러내기 위한 의역이 있을 수 있습니다.

- 이 책은 국립국어원 표준국어대사전의 표기법과 외래어표기법을 따랐습니다. 다만 독자의 이해를 돕기 위해 일부는 원어민의 발음 그대로 우리말로 옮겨 표기하였고, 발음의 강세를 나타내고자 굵은 서체로 강조한 경우도 있습니다.

영어, 이번에는 끝까지 가봅시다

**실리콘밸리로 떠난 50대 직장인의
단단한 영어 체력 만들기**

———————— 정김경숙(로이스 김) 지음 ————————

웅진 지식하우스

영어에 대한 집착과 꾸준함으로 일궈낸 놀라운 커리어패스와 인생의 도전을 담은 책. 절절한 영어 분투기를 통해 일상에서 밥 먹듯이 영어를 써먹는 영어 마인드셋과 실용적인 공부법까지 제시한다. 매일의 습관으로 다진 '영어 체력'은 나이 50에도 60에도 언제든 새로운 기회를 망설임 없이 움켜쥘 수 있는 강력한 무기가 될 것이다. 영어를 통해 한 뼘 더 커질 당신의 세상을 온몸으로 응원하는 책!

　　　　　　　　　　　－김미경(MKYU 대표, 『김미경의 마흔 수업』 저자)

내가 커리어를 쌓아가는 동안 도움을 주신 많은 분들 가운데 로이스님은 특별한 선배다. 구글러로서의 첫 언론 인터뷰에서부터 신문, 잡지, 방송에 이르기까지 어떻게 이야기해야 하는지 지도해준 분이기에, '나를 데뷔시켜주신 분'이라는 농담을 종종 한다. 그런 로이스님이 전하는 커뮤니케이션에 관한 책은 기다려지지 않을 수 없다. 글로벌 시대, 말 잘하는 사람들이 넘쳐나는 실리콘밸리에서도 통한 로이스님의 영어 훈련법은 영어가 필요한 많은 이들에게 큰 도움을 줄 것이다. 누구나 쉽게 영어와 친해질 수 있는 구체적이고 실용적인 방법을 제시하는 책이다.

　　　　　　　　　　　－김현유(액트투벤처스 대표, 전 구글 디렉터)

나는 20여 년 전 영어 면접을 보았던 그날의 좌절을 오롯이 기억한다. 입도 뻥긋하지 못하고 발가락까지 힘이 들어갈 정도로 긴장한 채 서 있던 기억, 미리 영작해둔 스크립트를 외우는 동안 귓전에 울리던 심장 소리가 지금도 생생하다. 실망스러운 면접에도 불구하고 다행히 입사하게 된 나에게 팀장님은 웃으며 "영어 진짜 못한다"고 첫인사를 건네셨다. '영어는 기술'이라고, 애쓰면 해낼 수 있다며 내 등을 떠밀어 본사 출장을 보냈던 회사의 결정에 나는 아직도 감사하다. 그렇게 시작한 나의 영어 생존기는 20여 년 넘게 글로벌 기업에 다니고 있는 지금까지도 계속되고 있다. 나 역시 이 책의 저자처럼 영어라는 기술을 연마하는 데 남들보다 더 많은 시간을 쏟으며 나의 세계를 조금씩 넓혀가는 중이다. 영어를 통해 더 넓은 세상을 마주하려는 이들에게 이 책이 용기를 줄 것이다.

-서은아(메타 인터내셔널 마케팅 동북아시아 총괄)

나이 50에 낯선 미국 땅에서 새롭게 시작한 저자의 영어 인생을 읽으며, 원어민들과 '통해서 살아남고', '살아남기 위해 통하'고자 고군분투했던 나의 일화들이 떠올랐다. 함께 웃고 고개를 끄덕이며 읽다 보니 순식간에 책 한 권을 다 읽었다. 저자는 영어가 구글의 커뮤니케이션 디렉터까지 올라갈 수 있게끔 다리가 되어주고, 더 많은 사람들과 만나 마음을 나눌 수 있는 통로가 되어주었다고 믿는다. 그런 저자의 구체적인 경험담과 믿을 수 있는 조언들은 내가 지난 20여 년간 영어 교육자로서 학습자들에게 하고 싶었던 이야기를 속 시원하게 전해주는 것만 같았다. 넘치는 영어 학습서와 영어 공부 비법들 사이에서 갈피를 잃은 이들에게 저자의 솔직하고 '웃픈' 영어 경험담과 격동의 영어 공부법은 앞으로 더 단단한 영어 체력을 다지고 당당하게 소통할 수 있는 힘을 키워줄 것이다.

-소피 반(미국 공인 법정 및 의료 통역사, 영어 교육자)

언어라는 높은 장벽을 뛰어넘기 위해 고군분투한 50대 직장인이 자신의 찐 경험과 공부 노하우를 담아낸 귀한 '영어 계발서'다. 저자는 반복되는 실수에 주눅이 들고 늘지 않는 영어 실력에 절망하기도 하지만, 절대 포기하지 않고 마침내 새로운 세상의 문을 열어젖힌다. 근력처럼 단단한 영어 습관을 바탕으로 일궈낸 저자의 놀라운 삶의 이야기에 박수를 보내며 이 책을 추천한다. 여러분도 해낼 수 있다.

-손미나(방송인, 알랭 드 보통의 인생학교 서울 교장)

일터에서 당신의 영어는 쓸 만합니까?

올해도 어김없이 다시 영어를 시작하는 이들을 위한 체크리스트

☐ "What are you up to?"라는 말에
대답하는 데 3초 이상 걸린다.

☐ 자기소개를 영어로 3분 이상 말하기 어렵다.

☐ 학교를 졸업한 이후로 영어를 작정하고
공부해본 적이 없다.

☐ 인터넷에서 자료를 검색할 때 한국어로만 찾는다.

☐ 유튜브에서 구독 중인 영어 채널이 5개 미만이다.

☐ 영어 잘 하는 사람 옆에서는 주눅이 들어
영어가 더 잘 안 나온다.

☐ "저 퇴근할게요"라는 말이 영어로 바로 튀어나오지 않는다.

- [ ] 한국어로 2~3분이면 쓸 수 있는 이메일을
  영어로 쓰면 20~30분이 걸린다.

- [ ] 전화로 하면 금방 해결될 텐데 영어가 겁나서
  이메일로 소통한다.

- [ ] 영어로 토론을 할 때면 대화에 끼어들 수가 없어 좌절한다.

- [ ] 상대의 말에 호응할 때 "I agree with you."
  "Me too." "I think so, too." 등 몇 개로 돌려막는다.

- [ ] 링크트인에 연결되어 있는 사람 90% 이상이 한국인이다.

- [ ] 영어가 걱정돼 해외 출장이 꺼려지거나,
  귀국하는 길에 씁쓸함을 느낀다.

- [ ] 영어만 잘한다면 한국을 떠나 다른 나라에서 일하고 싶다.

- [ ] 3년 후 내가 얻고 싶은 역할과 지위를 생각하면
  영어를 더 잘해야 할 것 같다.

0개 : 지금 나답게 일하고 나답게 영어하고 있군요! Great!

5개 미만 : 잘하고 있어요. 지금처럼만 계속 가봅시다. 영어는 평생 하는 겁니다!

5~10개 : 나중에 절박해지기 전에 지금 절실하게 영어를 하세요. 영어 불안감은 기회를 놓치고 있다는 신호입니다!

11개 이상 : 영어를 놓은 지 오래되었군요. 아직 늦지 않았습니다! 지금 당장 영어를 시작하세요!

영어 때문에 잠 못 이루는 밤

"여긴 네가 있을 곳이 아니야!You do not belong here!"

한밤중에 눈을 뜨면 희미하게 보이는 낯선 조명과 낯선 창문, 낯선 서랍장까지 모든 게 낯선 호텔 방이 제게 말하는 것 같았습니다. 4년 전 미국 캘리포니아주 샌프란시스코에 첫발을 딛은 저는 6개월 동안 구글 본사에서 제공한 호텔식 아파트에 머물렀습니다. 숟가락 하나, 수건 하나조차 내 것은 하나도 없었던 그 아파트에서 머무는 동안 거의 밤잠을 이룰 수 없었습니다. 그야말로 실리콘밸리의 잠 못 이루는 밤이었죠.

바로 영어 때문이었습니다. 자기 전까지 그날 배운 영어 표현을 정리하며 익히고, 침대에 들어가서 눈꺼풀이 내려앉는 순간까지 영어 책을 읽었어요. 잠자리에 들어서도 30분 타이머를 맞춰놓고는 영어 팟캐스트를 틀었습니다. 비몽사몽간에 팟캐스트를 듣다가 잠이 드는 거죠. 한두 시간 정도 설핏 잠이 들었을 때 끝 모를 불안감에 퍼뜩 잠에서 깹니다. '아, 내가 이렇게 잘 때가 아니지.' 다시 30분 타이머를 맞춰놓고 팟캐스트를 틉니다. 아침이 오기까지 팟캐스트를 켜고 다시 잠들기를 서너 번 반복한 거예요. 6개월 내내 그랬습니다.

무모하지만 이렇게라도 영어를 하면서 밤을 새우지 않으면 도저히 불안을 지울 수가 없었습니다. 그리고 절박했습니다. 제가 일하게 된 곳은 구글 미국 본사의 커뮤니케이션 팀. '입증된 탁월한 글쓰기와 말하기 능력'으로 난다 긴다 하는 인재들이 가득한 그곳에서 살아남으려면, 지금의 영어로는 잠들 수가 없었어요. 본사 커뮤니케이션 팀에서 유일한 토종 한국인 디렉터였던 저는 '내가 잘할 수 있을까' 하는 걱정으로 가득했습니다. 제 30년 커리어 역사에서 영어는 늘 잊을 만하면 돌아오는 빚쟁이나 죽지도 않고 돌아오는 좀비처럼 제 뒤통수를 잡아당기는 존재였습니다. 그런데 이제 그 좀비들이 가득한 전장 한가운데에 뚝 떨어진 것이죠. 제 나이 50에 말입니다.

저는 미국 MBA를 나와 커리어를 외국계 기업에서 시작해 꿈의 직장인 구글에 들어가 늘 영어와 함께 살았습니다. 그런데도 늘 영어 앞에서 작아지고 주눅이 들었습니다. 어려서부터 해외 어학연수, 조기 영어 유학 등을 통해 영어 원어민처럼 영어를 구사하는 동료들 사이에서 토종 한국인인 제가 건너야 할 장애물은 너무도 거대해 뛰어넘을 수 없을 것처럼 보였습니다.

영어로 미팅을 마치고 나올 때면 팀 동료가 기운 빠진 목소리로 말했어요. "영어 미팅 끝나고 나면 정말 당이 너무 떨어져요." 제 말이 그 말입니다. "일은 잘할 수 있는데…… 그놈의 영어!" 지난 30여 년간 직장생활 하면서 이 말을 습관처럼 되뇌었습니다. "영어 공부 죽어라 해봤자 미국에서 태어난 애들을 어떻게 이기겠어."

마음 한편에 영어에 대해 한계선을 그어두고 회사 일과 공부에만 매달리던 제가 나이 마흔에, 드디어 영어와의 이 지긋지긋한 관계를 청산하기로 합니다. 혀도 굳고 머리도 굳는 나이, 소위 '꺾였다'고 말하는 그 나이에 본격적으로 영어를 시작한 겁니다. 이대로는 더 이상 버틸 수 없다는 위기감 때문이었죠. 구글 코리아에 입사하여 첫 승진을 한 그때, 저는 점점 더 높은 절벽을 기어오르는 듯한 기분이었어요. 지금까지는 직업적 전문 지식과 경험을 토대로 막힘없이 커리어를 쌓았지만, 리더가 되어 더 큰 역할을 해야 할 그때 결정적으로 영어가 걸림돌이 될 것이라 확신했기 때문입니다. 역할이 커지면 커질수록 영어를 그냥 잘하는 정도가 아니라 월등해야 하니까요. 이제 거칠고 미숙한 영어로는 버틸 수 없다고 생각했어요. '일은 잘하는데 영어가 좀 약해'라는 변명이 통하지 않는 위치에 오르게 된 거죠. 더 이상 물러설 곳이 없었습니다.

그렇게 10년을 미친 듯이 영어를 팠습니다. 영어 공부의 목표는? 원어민처럼 할 때까지. "어떻게 그렇게까지 하니?"라는 소리를 들을 정도로 영어에 집착했죠. 아주 기초적인 파닉스(발음 공부)부터 새로 시작했습니다. 제 영어 이름이 로이스Lois 인데 엘L 발음도 그 이름을 쓰기 시작한 스물다섯 살 이래로 15년 만에 제대로 하게 되었습니다. 그렇게 정확히 10년 뒤, 마흔에 시작한 영어로 저는 나이 쉰에 은퇴 대신 실리콘밸리 행 기회를 얻게 됩니다. 미국 본사 글로벌 커뮤니케이션 디렉터로 옮기게 된 것입니다. 지난 10년의 영어 공부가 준 기회였죠.

그렇게 밤잠을 이루지 못하며 무작정 영어에 매달렸던 미국에서의 첫 6개월을 보낸 뒤로도, 저는 여전히 영어와 분투하며 살아가고 있습니다. 하루에 2~3시간씩 주로 오디오북과 같은 콘텐츠로 듣기 연습을 하고, 매일 1시간 영어 튜터와 정확성을 높이는 말하기 연습을 하고, 퍼블릭 스피치를 연습하는 토스트마스터스 클럽에 나가 매주 영어 발표를 하고, 언어 교환 파트너를 만들어서 매주 영어 말하기를 연습하고, 밴드와 카카오톡에서 그룹을 만들어 1일 1영어 표현을 나누기도 하고, 미디엄 블로그 플랫폼에 영어로 글을 써서 올리고 있죠.

왜 그렇게까지 영어에 집착하느냐고요? 저는 이렇게 묻고 싶습니다. 당신은 언제까지 영어 공부를 했나요? 마지막으로 작정하고 영어 공부했던 게 언제입니까? 왕년에 어학연수를 다녀오고 토익 고득점을 맞았다고 한들, 지금 그 영어를 쓸모 있게 쓰고 있나요? 아, 그럭저럭 일할 때 의사소통이 될 정도로는 하고 있다고요? 그렇다면 혹시, 일은 프로처럼 하는데 영어는 중학생처럼 하고 있지는 않나요? 말하고 싶은 이야기의 깊이는 철학책 한 권인데, 막상 입으로 나오는 건 한두 줄 문장으로 끝나지는 않는지요. 물론 지금 눈앞에 벌어지는 모든 일과 내가 느끼는 감정을 힘들이지 않고 자세하게 술술 영어로 말할 수 있다면, 그리고 자신이 하고 있는 일을 한국어로 하듯이 영어로도 '고퀄리티로' 자신 있게 할 수 있다면, 굳이 이 책을 읽어야 할 필요를 느끼지 못할 수도 있습니다.

　하지만 시도 때도 없이 엄습하는 영어 불안감으로 또 다시 영어 책을 손에 집어들고, 새해에도 어김없이 링글이나 스픽 같은 영어 회화 학습 앱을 기웃대고 있다면, 영어 공부를 다시 시작하기 전에 먼저 스스로에게 이 세 가지 질문을 던져보길 바랍니다. 나는 지금 내 영어에 얼마나 만족하는가? 나는 내가 원하는 수준의 영어를 하기 위해 얼마만큼 시간을 할애하고 있는가? 나는 내 업무 능력과 캐릭터, 가치관에 어긋나지 않을 만큼 충분히 '나다운 영어'를 하고 있는가? 이 질문들은 앞으로 우리가 얼마나 오래, 얼마나 높은 수준으로 영어를 해야 하는지에 관해 중요한 방향을 제시해줄 것입니다.

이 책은 평생을 영어와 씨름해온 한 50대 직장인의 영어 분투기를 담았습니다. 마흔부터 55세가 된 지금에 이르기까지 제가 직장생활을 병행하며 고군분투한 영어 학습 방법에 대해 이야기해보려고 합니다. '한 달 만에 영어 정복하기' 같은 신박한 영어 학습법을 기대했다면, 오히려 늦깎이 영어 공부를 하며 느꼈던 패배감과 고생담에 안쓰러운 마음이 먼저 들지도 모릅니다.

영어 한번 잘해보겠다고 온갖 좋다는 방법은 다 동원해보면서 제가 깨달은 건, 영어는 마치 근력을 키우듯 포기하지 않고 계속, 오래하는 게 가장 빠르고 효율적인 방법이라는 사실입니다. 제가 영어라는 '체력'을 단단히 하기 위해 시도해본 일련의 방법들은 영어를 계속하기 위해 자기만의 시스템을 개발하고, 루틴을 만들고, 꺾이지 않는 열정을 찾아나가는 과정이었던 것이죠. 무얼 하든 가슴속의 불씨와 절실함을 끝까지 지켜나가는 게 세상에서 가장 어려운 일이라는 걸, 아마 여러분도 모르지 않을 겁니다. 바쁜 직장생활 속에서도 어제보다 더 나은 나, 더 큰 내가 되기 위해 애쓰고 있는 분이라면, 이 책이 큰 힘이 되리라 생각합니다.

1부에서는 언어에 특별한 재능이 없던 제가 어떻게 영어와

떼려야 뗄 수 없는 인연이 되었는지 우여곡절 인생 이야기를 담았습니다. 2부는 영어는 계속하는 게 가장 빠른 길이라는 것을 깨달은 이후 지켜나갔던 평생 가는 영어 습관에 관한 원칙을 담았습니다. 3부는 2부에서 말한 원칙에 따라 영어를 생활화하기 위한 마인드셋에 대해 자세히 다룹니다. 마지막 4부에서는 제가 30년 커리어에서 경험하고 배운, 직장인을 위한 비즈니스 영어 이야기를 담았습니다.

이 책을 한꺼번에 다 읽는 것도 좋지만, 책상 위나 수시로 드나드는 곳에 두고 생각날 때마다 한 꼭지씩 읽어도 좋겠습니다. 매 순간 '영어, 끝까지 해봐야지' 하는 에너지를 불쑥불쑥 얻을 수 있도록 말입니다. 그래서 영어가 여러분의 긴 인생을 든든하게 지탱해주는 단단한 체력, 평생 습관으로 자리 잡는 데 조금이라도 도움이 되면 좋겠습니다. 당신은 오늘부터 영어 하는 사람입니다. 영어, 이번에는 끝까지 가봅시다!

CONTENTS

영어를 '또' 시작하는 당신에게 PART 1

영어, 끝까지 가보겠습니다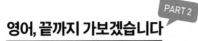

영어를 숨 쉬듯 밥 먹듯 써먹습니다

나답게 일할 수 있도록, 비즈니스 영어 PART 4

PART 1

영어를 '또' 시작하는 당신에게

Brick walls are there for a reason.
The brick walls aren't there to keep us out.
The brick walls are there to show us
how badly we want things.

장벽에는 다 이유가 있다. 장벽이 거기 서 있는 것은
우리를 가로막기 위해서가 아니다. 우리가 얼마나 간절히 원하는지
보여주기 위해 거기 서 있는 것이다.

–랜디 포시, 『마지막 강의』

다시 영어를 시작하는
당신을 위한 체크리스트

한 번이라도 후련하게
영어로 말해본 적 있습니까?

혹시 해외 출장 경험이 있나요? 아니면 해외여행이라도요. 출발할 때는 기분이 완전 들떴었는데, 돌아올 땐 한없이 씁쓸하고 초라한 그 기분. 돌아오는 비행기 안에서 지난 여정이 슬라이드쇼처럼 쉭쉭 지나갈 겁니다. 어렵사리 길을 물어봤는데 상대방의 친절한 영어 설명에 "예스, 예스, 땡큐" 해놓고는 도대체 뭐라고 하는지 몰라 머리가 백지장이 되었다거나, 여행길에 우연히 만난 외국인 친구 앞에서 완벽한 문장으로 말하려고 쭈뼛거리다가 대화를 황급히 마무리한 기억이요.

저는 주로 출장길에 그랬습니다. '얘네들은 숨도 안 쉬고 얘기하나' 싶을 정도로 청산유수인 동료들 속에서 끼어들 타이밍 한 번을 제대로 못잡은 채 회의가 끝나는 장면. 모처럼 기세 좋게 말을 시작하기는 했는데 기승전결에 맞춰 따박따박 말이 나오질 않아서 용두사미로 얼버무리고 마는 장면. 회사 사람들이 모인 자리에서 영어 잘하는 팀원들에게 발표를 늘 양보하고 마는 장면. 동료들과 신나게 먹고 떠들어야 할 회식 자리에서 '듣기 모드'로 있다가 분위기 안 깨게 조용히 호텔 방으로 돌아오는 장면……. 돌아오는 비행기 안에서 이런 장면들이 선명하게 떠오르며 뼛속까지 쓰렸습니다. 그러면서 '그래, 영어 공부에 좀 더 시간을 들이자' 굳게 마음을 먹습니다.

그런데 출장 후 한 달만 지나도, 아니 사실 비행기에서 딱 내리면 이 다짐이 스르르 잊힙니다. 매일 쏟아지는 업무 속으로 다시 돌아가는 거죠. 물론 영어를 더 잘해야 한다는 스트레스는 사라지지 않은 채로요. 그렇게 영어는 30년 커리어 인생 내내 저를 가장 주눅 들게 한 장본인이었습니다. 웬만해선 스트레스를 받지 않는 제게 '그놈의 영어'가 유일한 스트레스였죠.

대학을 졸업하고 직장생활을 하던 중 얼떨결에 남편 따라 유학을 갔던 저는 조금 늦은 나이에 MBA를 마쳤습니다. 죽지 않을 만큼 열심히 공부해서 성적 역시 전부 A를 받고 한국에 돌아왔죠. 당시 한국에서 대학을 나왔던 사람들보다 아주 조금 더 영어를 잘한다는 이유로, 정확하게는 잘할 것 같다고 생각한 면접관 덕분에 운 좋게 외국계 회사에서 다시 커리어를 시작했습니다. 그리고 유수 외국계 회사들을 옮겨 다니면서 일 잘한다는 소리를 들었고, 구글 본사 디렉터까지 커리어를 차곡차곡 쌓아왔습니다. 유학도 다녀왔고 외국계 회사를 다녔으니 영어와는 떼려야 뗄 수 없는 인생을 산 셈입니다.

그런데 가장 큰 문제는 그 영어 실력이 충분히 좋지 않았다는 사실입니다. 일은 프로처럼 하는데 영어는 중학생처럼 하고 있었죠. 언어 감각이 남들보다 뛰어나기는커녕 어휘 2만 2,000개를 달달 외워도 실전에서는 "하이" 인사말 한마디가 입에서 떨어지지 않았습니다. 어떨 땐 미국에서 유학했다는 사실이 부끄러울 정도였습니다. 회사생활도 마찬가지예요. 업무 메일은 물론 모든 보고서를 영문으로 쓰고, 본사와의 소통과 하루 종일 이어지는 회의를 따라가려면 웬만큼 영어를 해야 하지만, 정해진 틀만 벗어나면 바로 버벅거렸습니다. 영어로 미팅은 곧잘 한다고 해도 영어로 피자를 주문하라고 하면 무슨 핑계를 대서라도 피하고 싶어지는 수준이었던 거예요.

미국에서 대학원까지 나온 사람이 그토록 영어에 취약했던 이유는 무엇일까요? 영어를 '계속하지' 않았기 때문입니다. 소위 '왕년에' 영어 좀 했다는 이유로 그동안 영어를 손에서 놓았기 때문이죠. 영어는 새해에 시작해서 몇 달 뒤 죽었다가 다시 새해가 되면 끈질기게 살아나는 좀비 같았어요. "올해는 반드시 영어 공부 해야지!" 결심했다가 몇 달 뒤면 열정이 온데간데없이 사그라지는 일의 반복이었죠. 하지만 영어에 대한 스트레스는 절대 죽지 않았습니다. 해야 할 일을 안 하니까 스트레스를 받는 겁니다. 불안한 영어로 버티는 삶이 계속되다 보니 영어에 대한 공포만 커지기 마련이었어요. 영어를 놓지도 못하고, 또 그렇다고 시간과 노력을 들여 공부하며 실력을 키우려고도 하지 않은 거죠.

영어를 계속하고 있습니까?

이 책을 읽는 여러분은 마지막으로 작정하고 영어 공부했던 게 언제였습니까? 영어 공부를 손 놓은 지는 얼마나 되었나요? 대학 시절 토익 시험 볼 때까지? 어학연수를 다녀와서 영어는 유창한 편이었다고요? 그럼 그 영어를 지금까지 잘 유지하고 있나요? 설마요, 지금까지 영어를 계속하지 않고

'유지'한다는 건 말이 되지 않습니다. 언어 감각은 마치 운동을 쉬면 금세 약해지는 근육처럼, 내려놓는 순간 바로 퇴화하기 때문입니다.

첫 책을 낸 뒤 운 좋게도 저는 〈유퀴즈〉라는 프로그램에 출연하게 되었습니다. 유느님을 만날 수 있다니 단걸음에 한국에 갔죠. 촬영하고 가족들과 휴가를 보내고 그리웠던 친구들을 만나는 중에 강연도 했어요. 당시 재택근무로 업무는 이어갔지만 매일의 영어에서 놓여났다는 해방감은 이루 말할 수 없었죠. 친구들이나 가족들과 한국말로 수다를 떠는 게 얼마나 후련했는지 모릅니다. 나의 감정을 섬세한 언어로 맘껏 표현한다는 게 '이런 맛이지!' 하면서요. 그리고 한 달 뒤 미국에 돌아갔을 때, 저는 예기치 못한 절망감에 부딪혔습니다.

4년 전 미국에 온 그날로 영어 실력이 퇴보한 겁니다. 겨우 한 달 자리를 비웠을 뿐인데 말이죠! 그동안 내가 영어 공부에 들인 그 피 땀 눈물은 대체 뭐란 말인가. 너무 절망적이었어요. 영어가 잘 들리지 않고, 무의식적으로 한국어 표현을 먼저 떠올린 다음 '영어로는 뭐더라?' 하면서 말문이 막히는 겁니다. 그때 다시 깨달았습니다. 영어는 그냥 숨 쉬듯 '계속하는' 수밖에 없다고요. 숨을 못 쉬면 죽는 것처럼, 영어를 숨 쉬듯 계속하지 않으면 그때부터 영어 감각은 죽어가기 시작합니다. 결국 한 달을 쉰 만큼 한 달을 꼬박 한국어 없이 살고 나서야 그전의 영어 감각을 되찾을 수 있었습니다.

안타깝게도 외국어 학습이란 그런 것 같습니다. 돌이켜보면 영어뿐 아니라 다른 언어도 마찬가지였어요. 독어독문학을 전공한 저는 한때 동시통역 대학원을 갈까 하는 마음이 들 정도로 독일어에 푹 빠져 살았습니다. 그런데 30년이 지난 지금 어떻게 됐을까요? 영어도 잘하니 3개 국어자가 됐을까요? 다 까먹었습니다. 독일 여행을 할 때도 영어를 쓰면 썼지 독일어는 인사말도 겨우 했습니다. 정말 잔인하지 않나요? 한때는 그걸로 먹고살 생각을 했을 정도로 좋아했는데 말이죠. 언어는 계속하지 않으면 이렇게 바닥을 칩니다.

영어 공부를 열심히 하면 2개 언어 구사자가 아니라, 0.5개 언어를 2개 구사하는 1개 언어 구사자가 된다는 농담이 있어요. 저에게는 참 뼈아픈 농담입니다. 모국어조차 계속 말하지 않으면 시간의 힘을 이길 수 없습니다. 가차없죠. 수영이나 자전거는 몸이 기억해서 나중에라도 잘할 수 있게 되는데, 언어는 유지가 안 됩니다. 언어가 머릿속에서 지워지는 속도가 어찌나 빠른지, 꾸준히 하다가도 잠깐만 정신을 놓으면 도로 아미타불이 되어버리죠.

그래서 영어를 공부하는 많은 사람들이 영어를 하다가 그만두고, 또다시 시작하고 그만두고를 반복하게 됩니다. 그리고 회를 반복할수록 점점 더 자주, 금방 포기하게 되죠. 그 사이에 우리의 영어는 점점 더 퇴보하기 마련입니다. 저는 검도면 검도, 달리기면 달리기, 한번 시작하면 최소 십수 년은 멈추지 않고 꾸준히 하는 자타공인 최강의 의지력을 가지고 있는 사람이지만, 영어만큼은 혼자 꾸준히 하는 게 너무도 힘들었습니다. 그래서 오랜 시행착오 끝에 내가 힘들어도, 피곤해도, 리듬이 깨져도, 하기 싫어도, 꾸준히 하도록 스스로를 강제하는 장치를 만들어 일상에 장착했습니다. 밥 먹고 잠자는 것처럼 영어를 습관화했습니다. 언어 학습에는 무엇보다 이렇게 꾸준히 지속할 수 있는 장치, 즉 시스템을 만들어놓는게 중요하다는 것을 깨달았죠.

영어가 얼마나 절실합니까?

영어가 고민이라고 털어놓는 사람들에게 제가 제일 먼저 묻는 게 하나 있습니다. "영어가 당신에게 정말 절박한 문제인가요?" 대부분 그렇다고 답합니다. 그런데 다음 질문에는 답하기 어려워합니다. "영어가 지금 당신 삶에서 최우선 순위에 있습니까?" 만약 이 질문에 답할 수 없다면, 그건 절실하지 않은 겁니다. 정말 절실하다면, 모든 일을 다 제쳐두고 기를 쓰고 영어만 해야 하기 때문입니다.

미국에 온 지 만 4년이 지났습니다. 저는 지금도 '작정하고' 영어 공부를 합니다. 매일 아침 조깅을 하거나 오후 산책을 할 때 하루 2시간씩 영어 오디오북을 듣습니다. 매일 1시간씩 제가 매일 만든 영어 교재를 가지고 원어민 튜터를 만나고, 매주 월요일 토스트마스터스 클럽에 나가서 영어 연설 연습을 합니다. 외국인 룸메이트와 살면서 영어를 일상적으로 하고, 미국인 친구와 매주 언어 교환을 하고, 한국에 있는 친구들과는 밴드와 카카오톡 그룹 채팅방을 만들어 1일 1표현 올리기를 합니다. 영어 블로그 플랫폼에 매달 영어 에세이를 써서 올리고, 100일이면 100일 기간을 정해놓고 명문장 외우기 챌린지 같은 특별 프로젝트도 수시로 합니다. 한국어로 된 콘텐츠는 일부러 멀리합니다. 그렇게 영어에 몰입하고 또 올인했습니다.

그뿐인가요? 생각하지 않고도 영어가 한국어보다 먼저 술술 나오도록 일상에서 영어 모드로 사는 '영어 마인드셋'을 장착하고 있습니다. 제 주변의 모든 사물과 상황, 나의 감정과 상태를 다 영어로 말해보고, 조금이라도 막히는 것이 있다면 다시 찾아보고 복습합니다. 제가 눈 뜨고 잠들 때까지 즐기고 접하는 모든 콘텐츠를 영어로 바꿔서 듣고 말하고 쓰면서, 언제 어디서든 한국어가 아닌 영어로 생각할 수 있게끔 생활하고 있어요. 그렇게 학습한 영어는 일부러라도 비슷한 상황을 만들어 써먹어봅니다. 제 모든 일상은 영어 연습의 무대입니다. 그렇게 하지 않으면 절대 영어가 입에 착 붙지 않기 때문입니다.

그렇게 영어에 집착한 이유는 간단합니다. 그래야만 영어로도 나답게 말하고 나답게 쓰면서 나답게 일하고 살 수 있으니까요. 처음부터 이렇게 영어에 집착하지 않았어요. 다른 사람들이 그러하듯 새해에는 영어 공부를 시작하고 흐지부지 그만두기를 반복했죠.

저는 모토로라 코리아에서 사회생활을 시작해 제약회사 한국 릴리를 거쳐 구글 코리아 커뮤니케이션 팀에서 근무했습니다. 모토로라 시절부터 본사와의 영어 미팅이나 영어 보고가 일상이었고 해외 출장도 잦았어요. 다행인 건, 임원급 미팅 정도가 아니고서야 주니어 사원이었던 제가 영어로 말해야 할 때는 별로 없었다는 겁니다. 어쩌다가 대신 임원급 미팅에 참석했을 때 놀랐던 기억이 나요. 그 미팅 참석자 모두가 따라가기 힘들 정도로 고급 영어를 구사하고 있었기 때문이죠. 그래서였을까요, 영어는 내 일이 아니라는 생각과 함께, 아직 내가 임원이 아니라 다행이라고 생각하면서 시간을 보냈습니다.

그래도 한국인치고 내 영어는 아직 쓸 만하다고 생각하면서 지냈던 건 제약회사 릴리에 입사한 후로도 마찬가지였습니다. 몇 년 전에 배운 '허접한' 유학생 영어로도 제법 버틸 만하다고 생각했던 겁니다. 이메일을 쓰거나 프레젠테이션 슬라이드를 영어로 만들면서도 어차피 나는 '한국인이니 영어는 좀 틀려도 되지 뭐' 하면서 순간을 모면하기 바빴습니다. 그러다가 마케팅 팀으로 자리를 옮겨 외국에서 온 영어권자 디렉터를 만나게 되었는데, 당시 브랜드 매니저였던 저는 매일매일 이 디렉터에게 영어로 설명하고 설득하고 예산 승인을 받는 게 일상이었어요. 물론 시제도 틀리고 단수/복수, 관사도 별로 신경 쓰지 않으면서 불완전한 영어로 버텼죠. 어쩌다가 원어민 사장님의 통역을 맡게 되기라도 하면, 머릿속이 백지처럼 하얗게 질려서 얼버무리기에 바빴습니다. 회의가 끝난 뒤에도 잘못했던 통역 내용이 자꾸 생각나 쥐구멍에라도 들어가고 싶었지만, 그 또한 역시 그 순간이 지나면 끝이었어요.

　10년 넘게 모토로라와 릴리에서 근무하며 완성도 높은 영어를 구사하는 임원들을 바라볼 때면, 마치 카운트다운을 하는 기분이었습니다. '저분들처럼 영어를 잘해야 승진하는 거겠지?' 하는 생각이 늘 마음의 짐이었어요. 하지만 진짜 어려움이 닥치지 않으면 실행하지 않는 게 사람 마음이잖아요. 저도 그랬습니다. 그만큼 영어는 닥치지 않으면 절실함을 느끼기가 어렵습니다. 만약 여러분이 외국계 회사 입사나 이직을 꿈꾸고 있거나, 혹은 남다른 커리어 패스를 그리고 싶다면, 영어 불안감을 더 이상 외면해선 안 됩니다. 영어가 승진과 고과는 물론 나의 커리어 역사를 끝내느냐 마느냐를 결정하는 절체절명의 순간이 오고 나면, 그땐 이미 늦기 때문입니다.

'한국인치고' 괜찮은 영어를 하고 있나요?

영어에 대한 불안감을 외면하며 지내던 어느 날, 저는 구글에 들어가게 됩니다. 10년 넘게 커뮤니케이션과 마케팅 일을 하면서 성공적으로 커리어를 착착 쌓아왔던 저의 능력을 구글에서 높게 봐주었습니다. 무박 3일로 구글 미국 본사까지 날아가 하루 종일 영어로 면접을 보았을 때만 해도 당시 제 영어 수준으로 맘 편하게 일할 수 있을 줄 알았어요. 모토로라와 릴리 때만 해도 중요한 커뮤니케이션의 방패막이가 되어줄 부서장 혹은 디렉터가 있었으니까요. 문제는 이제 제가 부서장이 되고 디렉터가 되어 그 자리에 서게 됐다는 겁니다.

구글에 들어가니 예상보다 더 충격적이었습니다. 그때까지만 해도 저는 회사 사람들이 '일은 잘하는데 영어가 좀 부족한 사람'과 '일은 잘 못하고 영어만 잘하는 사람'으로 나뉜다고 생각했습니다. 그리고 영어를 좀 못해도 일을 잘하는 게 더 낫다고 여겼죠. 그런데 그 상식, 아니 저의 편견이 완전히 무너져버린 겁니다. 구글에서는 그런 일이 있을 수 없었습니다. 직급이 높든 낮든 영어를 잘 못하면서 일을 잘할 수는 없었던 겁니다.

구글은 아무도 혼자 일하지 않습니다. 다른 회사도 마찬가지겠지만 모든 프로젝트는 여러 팀이 실시간으로 상황을 공유하면서 함께 진행합니다. 커뮤니케이션 팀 안에서도 한국 담당자와 아시아 담당자, 본사 담당자가 수시로 의견을 주고받고, 다른 부서 사람들과도 끊임없이 소통해야 하죠. 하나의 프로젝트를 다양한 부서가 협업하면서 화상 미팅과 온라인으로 실시간 소통합니다. 당연히 영어로요. 영어는 더 이상 나의 업무 능력을 보완하는 수단이 아니라, 업무 능력 그 자체였습니다.

일을 영어로 한다는 건 단지 기능적으로 의사를 전달하는 데서 그치지 않습니다. 상황에 맞게 뉘앙스를 능수능란하게 살피며 정교하고도 설득력 있는 영어를 할 때 비로소 일이 제대로 돌아갑니다. 영어로 얼마나 논리적이고 효과적으로 상대를 설득할 수 있느냐가 절대적으로 중요해진 것이죠. 하지만 명색이 그런 구글 코리아의 커뮤니케이션 팀을 이끌고 있던 저의 영어는 여전히 20년 전 유학 다녀온 수준에 머물러 있었습니다.

구글 코리아에 입사한 뒤 몇 해 지나지 않았을 때의 일입니다. 당시 전 커뮤니케이션 팀에 있었고, 옆 팀 부서장에게 업무 협조 메일을 보냈습니다. 이런 업무를 해야 하는데 당신네 팀에서 이 일을 맡아줄 수 있느냐는 내용이었어요. 저는 별생각 없이 습관적으로 'Can you'로 시작하는 문장으로 여부를 물어보았죠. "Can you finalize our event venue with the initial design concept by next Friday?(다음 주 금요일까지 이벤트 장소와 초기 디자인 콘셉트를 확정해주실 수 있나요?)" 그런데 이 메일 발송 버튼을 누른 지 얼마 안 되어 그 부서장이 멀리서도 선명히 보일 정도로 붉으락푸르락한 얼굴로 저를 향해 성큼성큼 걸어오는 게 아닙니까. 그는 약간 격양된 말투로, 또 주변 사람이 다 들으라는 듯 큰 소리로 이렇게 말했습니다.

"로이스, 'Can you'라뇨. 왜 그렇게 말을 무례하게 합니까? 저에게 명령하는 건가요? 이럴 땐 'Would you'라고 해야죠!"

아뿔싸! 저는 동료들에게 늘 습관적으로 쓰던 말을 썼을 뿐인데, 그 부서장의 반응에 너무 놀란 나머지 아무 대답도 하지 못했습니다. 그의 말인즉슨, 자신과 대등한 직위에 있는 제가 마치 하대하며 일을 시키는 듯한 말투로 말을 했다는 것이었죠. 영어에는 우리말에 있는 반말, 존대말 개념은 없지만 공손하고 격식 있는 표현이 분명 존재합니다. 특히 비즈니스 영어는 표현과 어법을 매우 신중하게 쓰지 않으면 본의 아니게 무례하다는 인상을 주기도 하고, 전문성을 의심받는 상황이 생기기도 합니다.

해가 갈수록 영어 잘하는 후배들은 점점 더 많아져요. 그냥 잘하는 게 아니라 굉장히 잘하죠. 구글의 신입사원 대부분은 토익 점수가 거의 만점에 가깝습니다. 어학연수는 기본이고, 영미권 대학에서 교환학생을 하거나 조기 유학을 한 경우도 많습니다. 이미 중급 영어를 넘어서는 사람들이 대부분이에요. 문제는 그 수준을 넘어선 영어입니다. 일상 업무는 그저 알아듣고 의사를 표현하는 정도로 가능할지 모르지만, 늘 브레인스토밍과 갑론을박 토론이 진행되는 역동적인 비즈니스 현장에서는 중급 수준의 영어로는 일이 잘 돌아간다는 느낌을 받기 어렵습니다. 늘 영어 때문에 자신의 업무 역량이 평가절하되는 듯, 다시 말해 '나답게 일하고 있다'는 느낌을 받기가 어려워진다는 것이죠. 한국어로 하면 똑 부러지는 사람이 영어로 말할 땐 어리숙해 보이는 것 같아 한없이 속상하고 좌절스러우니, 점점 더 의기소침해집니다.

우리가 일을 잘하고 싶은 만큼 영어의 수준도 조금 더 높여야 합니다. 섬세하고 정교하게 '내가 원하는 것을 나답게' 말할 수 있을 때까지요. 그리고 그렇게 되기 위해서는 생각보다 진지하고 심각하게 영어를 해야 합니다. 'Can you' 사건은 정교하고 완성도 있는 영어에 대한 경각심을 주었습니다. 알고 보니 상위자에게 'Can you'라는 표현을 쓰면 좀 무례할 수 있지만, 직급상 동등하거나 후배일 경우에는 일상적으로 쓸 수 있는 표현이라고 합니다. 나중에 동료에게 물어보니, 구글에서는 문서로 협조를 요청할 때에는 혹시 모를 오해를 피하기 위해 대부분 'Would you be able to……' 이렇게 극도로 공손한 표현을 쓴다는 것도 알게 되었습니다.

영어는 그렇게 시시때때로 '일 잘하는 나'의 자신감을 와르르 무너뜨렸습니다. 구글에서 승진을 해 더 큰 역할을 맡게 되고, 회사 혹은 한국 팀을 대표해서 논의에 참여할 기회가 많아지면서 '가면 증후군Imposter Syndrome'에 시달렸죠. 내가 계속 잘해나갈 수 있을까? 지금 잠깐 잘하는 것으로 주변 사람들을 속이는 게 아닌가? 대학원을 다섯 개나 다녔고 내가 하고 있는 분야에서는 누구와 겨뤄도 지지 않을 자신이 있는데, 과연 내 영어로 계속 커리어를 성장시킬 수 있을까? 스스로에 대한 의심으로 자신감이 바닥을 쳤습니다. 새로 들어오는 후배들을 보고 있으면, 지금이라면 내가 구글에 들어오지 못할 수도 있겠다는 생각마저 들었죠. 내 경쟁력은 과연 무엇인가 자문하면서 그동안 가장 자신 있었던 업무의 전문적 자질에 대해서도 불안해지기 시작했습니다.

내 가치관에 어울리는 영어를 하고 있습니까?

당신은 영어를 할 때 어떤 사람입니까? 저는 제 성격을 얘기할 때, 농담 반 진담 반으로 한국어로 말할 때는 외향적이고 영어로 말할 때는 내향적이라고 합니다. 사실 틀린 말이 아닙니다. 한국어로 말할 때는 어떤 주제든 자연스럽게 편안하게 대화를 주도해갈 수 있는데, 영어로 얘기하는 자리, 특히 여럿이 모인 회식 자리에서는 입에 지퍼를 채운 것처럼 근엄해졌거든요. 주로 듣는 사람이 되는 거예요. 회의 때는 그나마 일 얘기라 알아듣기도 쉽지만 정신없이 이 주제 저 주제를 넘나드는 회식 자리에서는 말문이 막히곤 했습니다. 어떤 주제를 말해야 자연스러울지 고민하고 할 말을 영어로 떠올리다 보면, 이미 대화는 저 멀리 흘러가버린 후였습니다.

그런데 대화의 흐름을 따라가는 것만큼 중요한 건 언어의 흐름을 따라가는 것이었습니다. 언어에 담긴 시대정신이나 의미를 정확하게 알고 사용하는 것 말입니다. 미국에 건너와 영어가 어느 정도 입에 잘 붙었다고 느꼈을 즈음, 저는 또 한 번 영어 때문에 가슴 뜨끔해지는 경험을 하게 됩니다.

"오늘 미팅은 브라운백 런치로 진행됩니다. 참고해주세요." 구글에서 중요한 내부 회의를 준비하면서 참석자들에게 공지 메일을 돌렸습니다. 브라운백 런치 미팅이란, 샌드위치처럼 종이봉투에 담을 수 있을 정도로 간단한 음식을 준비하여 이를 먹으면서 하는 간단한 회의를 말합니다. 워낙 모든 것이 빠르게 진행되고 다들 바쁘다 보니 막간을 이용해 배를 채우며 필요한 회의를 하는 것이지요. 브라운백 런치는 한국에서도 일상적으로 쓰던 표현이었어요. 그런데 메일을 보내자마자 친하게 지내던 동료가 조용히 제 옆에 오더니 귀띔합니다. "로이스, 아마 의도적인 건 아니겠지만 그 말은 안 쓰는게 좋아"라고요. 제가 무슨 실수를 한 걸까요?

바로 '브라운백'이라는 표현이 문제였습니다. 브라운백은 빵이나 샌드위치를 사면 담아주는 갈색 종이봉투를 말합니다. 그런데 이 표현이 인종차별을 연상시키기 때문에 사용을 지양하는 분위기가 있다더군요. 그래서 아차 하는 심정으로 인터넷을 찾아봤습니다. 과거에 인종차별주의자들이 피부색이 어느 정도 짙으면 흑인인가를 판단하는 기준으로 브라운백을 사용했었다는 겁니다. '브라운백'의 예상치 못한 의미에 저는 심장이 쿵 떨어지는 듯한 심정이었습니다. 한국에서도 다양성 존중을 위한 여러 캠페인을 활발하게 조직하고 참여했던 저로서는 해서는 안 될 실수를 한 것이었습니다. 이후에는 일상에서 쓰이는 포용적 용어를 수시로 확인하며, 보도자료나 메일을 쓸 때도 어휘 선택에 좀 더 세심한 주의를 기울이게 되었죠.

아무리 학교 때 영어로 난다 긴다 했던 사람이라 하더라도, 지금의 영어는 그때와 다릅니다. 우리가 학교에서 배우고 익힌 영어 표현과 문법은 지금 이곳의 영어와 상당한 물리적 거리가 있죠. 단순히 젊은 친구들이 쓰는 약어나 슬랭을 알아듣지 못하는 정도가 아니라, 언어에 담긴 가치관도 바뀝니다. 물론 이런 실수들은 아무리 영어 공부를 섬세하게 열심히 하더라도 누구나 할 수 있습니다. 언어는 고정된 것이 아니라 시대적 지리적 환경에 따라 변하니까요. 하지만 이처럼 변화에 무딘 영어, 한국인치고 잘하지만 거칠고 직설적인 영어, 톤앤매너에 맞지 않는 영어가 의도치 않게 일터에서 나의 캐릭터를 좀먹고 나의 가치관에 대해 오해를 불러일으킬 수도 있습니다. 영어로 기본적인 소통을 하는 것도 벅찬데 이런 영어 표현들의 시대적 의미까지 따라가야 한다니 기운이 빠지겠지만, 이것이 바로 우리가 끊임없이 영어를 공부하며 정교하게 다듬어나가야 하는 이유입니다.

반복되는 영어 실패,
악순환의 고리를 끊어라

우리가 '또' 영어 공부에 실패하는 이유

영어는 발등에 떨어진 불이 되고 말았습니다. 그런데 한편으로는 지금 한다고 해서 얼마나 잘할 수 있을까? 자포자기했죠. 특히 구글 코리아에 들어와 함께 일하는 다른 부서장들이 소위 영어를 자유자재로 구사하는 '조기 유학파'로 채워지면서 더 주눅이 들 수밖에 없었어요. 제가 맡은 업무는 '회사의 입' 역할을 하는 커뮤니케이션이었으니, 그 속 끓는 스트레스는 더 심했죠. 해도 해도 영어는 늘지 않는 것 같고, 직장생활을 할수록 동료나 후배들의 '혀 꼬부라진' 영어와 비교하게 되는 나날이 이어졌습니다.

영어 때문에 스트레스였다면 진작 공부하지 그랬어? 맞습니다. 함께 유학생활을 했던 남편은 늘 저에게 "나 같으면 다른 거 안 하고 영어 할 텐데"라면서 잔소리를 하곤 했습니다. 그때는 그 말이 왜 그리 듣기 싫었을까요? 아마 잘 안 될 것 같으니까, 해도 안 될 것 같으니까 아예 시작을 안 했던 것 같아요. 패배가 정해진 게임 같았으니까요. 돌이켜보면 영어 공부할 의지가 없어서 안 한 것이 아니었습니다. 우리가 영어를 시작했다 그만두고 또 시작하고 그만두기를 반복하면서 좌절하는 이유는 따로 있었습니다.

첫째, 가장 결정적인 이유는 아직 절박하지 않기 때문입니다. 지금 당장 영어를 하지 않는다고 밥 굶는 일이 벌어지지 않았기 때문이에요. 영어는 늘 미래의 기회를 겨냥하고 있습니다. 영어를 잘하면 분명 더 많은 기회를 얻을 수 있다고 막연하게 생각하지만, 다른 일로 바쁘거나 컨디션이 안 좋으면 영어는 늘 우선순위에서 밀립니다. 제가 마흔이 되어 본격적으로 영어 공부를 시작할 때 튜터와 함께 4명이 모여서 공부하기 시작했어요. 하지만 1년이 지나자 모두 다 이런저런 이유로 포기하고 저 혼자 남았습니다. 다들 게을러서 그랬을까요? 천만에요. 모두 회사에서 일 잘하는 고성과자와 워커홀릭이었습니다. 누구보다 자기계발에 열심이었고요. 다만 그들에게 영어가 우선순위가 아니었던 것입니다.

그래도 올해에는 영어 공부를 열심히 하기로 결심했다고요? 우리가 새해가 되면 영어 학원이나 스터디 프로그램에 가입하는 이유 중 하나죠. 하지만 회사 일이 눈코 뜰 새 없이 바쁘고 야근을 밥 먹듯이 하게 되면 제일 먼저 포기하는 건 영어 공부입니다. 영어를 위해 자리를 옮겨서 하루 30분이라도 꾸준히 공부한다는 건 쉬운 일이 아니기 때문입니다.

여기서 두 번째 이유가 등장합니다. 영어 공부를 하겠다고 '결심'하기 때문에 실패합니다. 결심은 늘 실패로 이어집니다. 대부분은 작심삼일로 실패하고, 그 결심이 진심이라면 한 달은 갑니다. 진짜 독한 사람이라면 한 3개월 가죠. 그렇게 대부분의 사람들은 새해 결심에 실패합니다. 저는 대학원을 다섯 곳 다니면서 네 개의 석사 학위를 땄습니다. 직장생활과 학위를 병행한다는 건 웬만한 결심 없이는 힘든 일이라, 이런 얘기를 하면 사람들이 혀를 내두릅니다. 그런데도 영어 공부는 늘 번번이 실패로 돌아가요. 그 이유는 바로 '결심'을 했기 때문이었습니다.

영어 공부는 아무리 해도 실력이 느는 것 같지 않아요. 대학원 공부는 열심히 하면 학위가 나오고 졸업장이 나오죠. 정말 뿌듯합니다. 그런데 영어는 토익이나 토플 시험을 봐서 점수를 확인하지 않는 한, 영어 공부를 잘하고 있다는 실감조차 나지 않습니다. 우리가 '뼈 빠지게' 일할 때 무엇을 기대하고 일하나요? 사람들이 열심히 일하는 이유를 물었더니 1위는 금전적 지향, 2위는 성취, 3위는 변화 지향이었다고 합니다. 돈을 잘 벌든, 뿌듯하든, 성장을 실감하든 셋 중 하나여야 하죠. 어쩌면 영어 공부도 마찬가지입니다. 공부를 하기로 결심하고 열심히 했다면 이 셋 중 하나로라도 보상 받아야 하는데, 손에 잡히는 것은 없습니다. 영어만 잘한다고 월급이 오르는 것도 아니고, 스스로 실력이 확 는다고 느끼는 것도 아니고, 시험을 보지 않는 이상 뿌듯함도 별로 못 느낍니다. 그래서 우리는 영어 공부부터 제일 먼저 손을 놓게 됩니다. '하루에 30분씩 영어 공부 하자'라고 굳은 결심을 해도 고작 한 달. 그러다가 출장이 생기고 회식이 생기고 야근으로 하루 빼먹고 이틀 빼먹다가, 그러면서 그 굳은 결심을 지키지 못한 자신을 자책하게 됩니다.

세 번째 이유, 공부를 해도 늘지 않아서 실패합니다. 내 영어가 팍팍 느는 게 보여야 더 열심히 할 텐데, 영어가 늘지 않으니 더 빨리 포기하죠. 왜 늘지 않을까요? 공부만 하고 직접 해보지 않아서 그렇습니다. 다시 말하면 남의 영어만 들으며 외울 것이 아니라 내 영어를 해야 합니다. 우리가 유명 헬스 트레이너의 채널을 주야장천 본다고 해서 몸에 근육이 붙습니까? 직접 덤벨을 들고 몸을 움직여야 붙죠. 영어도 마찬가지입니다. 여러분은 정말 없는 시간을 쪼개가며 틈틈이 유익한 영어 학습 유튜브 채널을 보고 있을 거예요. 동영상을 보면서 고개 끄덕이며 '그래 그렇지' 하고 지나가겠죠. 그러면 아무 소용이 없습니다!

'내 영어를 한다는 것'은 배운 것을 내 상황에서 적용해가며 문장을 만들어보고 소리내 연습하는 것을 말합니다. 단 10분이라도 시간을 내어 그 영어를 내 영어로 만들어야 늡니다. 어떤 표현을 새로 익혔을 때 그 표현을 내가 주로 만나는 상황에서 어떻게 쓸 수 있을지 가정해보고 직접 문장을 만들어봐야 합니다. 그리고 그 문장을 쓸 수 있는 상황을 만들어 연습해봐야 합니다. 외우는 것도 중요하지만 그보다 더 중요한 건 그렇게 어렵게 외운 것을 실제 상황에서 직접 말해보는 것이니까요. 당황하지 않고 아는 표현이 저절로 튀어나오게 하려면 충분히 연습해야 합니다.

게다가 영어 실력은 꾸준히 반복하지 않으면 유지는커녕 퇴보합니다. 나이 들면 한국말도 단어가 가물가물해지죠. 일상 속에서 한두 마디 할까 말까 거의 쓰지 않는 영어는 우리 뇌에서 완전히 잊히고, 머릿속에서 희미하게 뒤엉켜버립니다. 해마다 영어를 다시 시작하더라도 이런 이유로 실패할 때마다 영어에 대한 부담감과 공포는 더 커집니다. 이제 그 악순환의 고리를 끊어야 합니다.

영어, 더 이상 물러설 수 없다

대학원 졸업 이후 영어의 손을 놓은 채 십여 년을 지나면서 '새해 결심 영어—몇 개월 뒤 중단—출장—영어 다시 시작—몇 주 뒤 중단' 이런 패턴을 반복했습니다. 그러다가 마흔 살을 맞이한 저에게 엄청난 시련이 닥쳐왔죠. 이 사건을 계기로 '그래, 죽기 전에 영어에 목숨 걸고 정말 한번 해보자. 마흔 살도 늦지 않았다!'는 생각에 이르게 됩니다. 아마 '그 사건'이 없었더라면, 다짐하고 중단하고 또 다짐하고 중단하는 악순환을 여전히 반복하고 있을 거예요.

중대한 실수를 저지르기 한 달 전으로 먼저 거슬러 올라갑니다. 그날은 미국 본사의 커뮤니케이션 총괄 부사장이 주재하는 중요한 리더 미팅이 화상으로 진행된 날이었어요. 싱가포르에 있던 동료와 저는 시차 때문에 새벽 2시경에 회의에 참여했는데, 미팅 중에 싱가포르 동료가 카메라도 켜놓고 음소거 버튼을 해제한 채 잠이 들어버린 거예요. 심지어 그는 졸면서 코를 골기 시작했습니다. 화상 카메라는 그 친구가 코를 골 때마다 그 소리 때문에 계속 그 친구에게 초점을 맞추었고요. 당시만 해도 회의 주재하는 사람이 음소거 해주는 기능이 없어서 우리는 회의 내내 그 친구의 코 고는 소리와 조는 모습을 지켜봐야 했습니다. 시차 때문인 건 이해하지만 그래도 프로답지 못한 실수라고 생각했죠. 후에 그 동료는 '인생에서 가장 창피한 실수'였다고 말하더군요.

그로부터 한 달 뒤, 제가 그에 버금가는 '인생에서 가장 민망한 실수'에 맞닥뜨리게 됩니다. 구글 코리아에 입사한 지 3년 차, 이날은 구글 코리아가 속한 아시아태평양 지역 팀의 콘퍼런스가 있었습니다. 8~10개 도시에 분포한 약 50명의 커뮤니케이션 부서 사원들이 동시 접속하는 화상 회의였고, 당연히 영어로 진행되었습니다. 저는 한국 팀을 대표해 7분 정도 발표를 해야 했어요. 한국에서 성공한 프로그램을 다른 나라 팀 앞에서 발표하는 것이라 내용도 내용이거니와 잘 전달해야겠다는 마음으로 몇 주 전부터 내심 긴장하고 있었습니다. 7분은 사실 짧다면 짧지만 혼자 온전히 채우기에는 결코 짧지 않죠. 그 시간을 짜임새 있게 만들려고 스크립트도 며칠에 걸쳐 만들었습니다. 발표 연습은 물론 예상 질문에 대한 답까지도 연습했을 정도였어요.

드디어 회의 시작. 보통은 한국 팀원들과 같은 회의실에서 화상 회의에 들어가는데, 이날은 발표에 집중하고자 혼자 다른 회의실을 잡아서 들어갔습니다. 회의 첫 순서는 아시아태평양 지역 커뮤니케이션 총괄이 여러 가지 업데이트된 정보를 공유하고, 지역 팀원들이 제품 론칭 등의 주요 일정과 내용을 공유하는 시간입니다. 사실 발표를 앞둔 날에는 앞서 무슨 이야기가 오갔는지 거의 머릿속에 안 들어옵니다. 온통 제가 할 발표에 정신이 쏠려 있으니까요. 드디어 아태 지역 총괄이 말합니다. "로이스 차례예요.Lois, over to you." 이제 제 발표 순서입니다.

저는 "하이Hi" 인사를 하고 바로 발표에 집중했습니다. 단어 하나하나, 표현 하나하나 놓치지 않고 스크립트를 준비하고 외운 대로 발표를 이어나갔습니다. 지금 생각하면 왜 그랬는지 모르겠지만, 문제는 자기 발표에 너무 집중한 나머지 동료들이 들어와 있는 모니터를 보지 않고 한 손으로 이마를 받친 채 책상 바닥을 보고 있었다는 겁니다.

그렇게 7분 발표가 끝났고, '아, 해냈다!' 후련하고 뿌듯한 마음에 상기된 표정으로 말했습니다. "제 발표는 여기까지입니다. 질문 있으세요?" 저는 모니터를 그제야 올려다보았습니다. 어라? 화면에 있는 사람 모두 토론을 하는 것 같았습니다. 내가 하는 말에 귀 기울이기는커녕 모두가 자기 할 말을 하고 있습니다. 대화 주제 역시 내 발표와는 완전히 달랐고요. 이게 뭐지? 왜 내 말을 아무도 안 듣지? 당황해 두리번거리다가 문득 깨달았습니다. 여태 '뮤트(음소거)' 버튼이 버젓이 눌려 있었던 겁니다. 맙소사!

보통은 회의 중에 상대방이 얘기를 안 할 때는 음소거로 해놓고 내가 말할 차례가 되면 음소거를 해제하지요. 지금이야

화상 회의가 완전 일상화되었지만 이때만 해도 비디오 콘퍼런스 시스템을 사용하는 게 익숙하지 않았습니다. 발표를 완벽하게 해내겠다는 생각에 급급해 음소거를 해제한다는 걸 깜박한 것이죠. 그렇게 바닥을 보면서 열심히 발표했던 7분 내내 화상 회의에 들어왔던 50명 팀원들에게는 제 말이 전혀 들리지 않았던 거예요.

채팅창에는 이미 각국 팀원들이 보내온 메시지들이 떠 있었습니다. 모두가 하나같이 말합니다. "로이스, 말하는 거 하나도 안 들려요. 뮤트 좀 풀어요!" 그제야 상황 파악이 되었습니다. 발표하는 데만 집중하느라 동료들이 보낸 메시지도 알아차리지 못한 겁니다. 대답이 없는 제게 그들은 "우리 그냥 다음 주제로 넘어갈게요"라고 메시지를 남기고 다른 이야기로 넘어가버렸습니다.

세상에 이럴 수가? 7분 동안 듣는 사람 하나 없이 혼자 주절거리다니. 쥐구멍이라도 찾아 들어가고 싶었습니다. 팀원들과 수많은 동료 앞에서 그런 망신이 없었죠. 10년 이상이 지난 지금도 그때 제가 얼마나 창피했는지 녹화 영상 틀어보듯이 하나하나 생생하게 떠오르고 얼굴이 화끈거립니다. 그 7분의 독백은 제 자존감에 큰 상처를 주었습니다. 너무 민망해하던 저에게 팀 동료들은 뭐 그렇게까지 맘에 두느냐고 위로했어요. 하지만 다른 사람이 나를 어떻게 생각할까 떠올리기만 해도 몸 둘 바를 모르겠더라고요. '나 같으면 저런 실수를 하면 회사에 얼굴을 못 들고 다닐 텐데'라고 생각했던 싱가포르 동료의 코 고는 모습이 오버랩 되면서 저는 정말 땅속으로 꺼지고 싶었습니다. '프로답지 못하다'고 생각한 그 친구의 어이없는 실수를 내가 재현하게 된 셈이니까요.

직장생활 20년 차, 당연히 실패의 경험도 많고 상사들에게 혼난 경험도 많지만, 이 정도로 창피하고 민망한 적은 없었습니다. 영어가 부족한 점을 어떻게든 무마해보려고, 그걸 어떻게든 숨겨보려고 했던 저의 노력이 오히려 어처구니없는 실수를 불러오고, 그로 인해 숨기고 싶은 약점을 만천하에 드러내고 만 격이었습니다. 이 실수는 지금까지 제 전체 커리어 역사에서 최악의 실수로 꼽습니다.

마흔에 시작한 영어, 그 후 10년

그런데 이 인생 최악의 실수가 인생 최고의 실수가 되었습니다. 이제 더 늦기 전에 영어를 제대로 시작해야겠다는 절실한 마음을 가지게 되었고, 그때가 영어를 본격적으로 공부하기 시작한 원년이 되었습니다. '그래, 마흔에도 늦지 않아. 앞으로 50년은 더 살 텐데, 50년 영어 하면 죽기 전엔 원어민처럼 되겠지!' 하는 마음으로 작정하고 영어를 한 지 10년. 영어 공부에 폭 빠져 살던 어느 날 저에게 일생일대의 기회가 찾아옵니다.

구글의 전 세계 커뮤니케이션 담당자들은 1년에 한 번씩 구글 본사에 모여 오프사이트라는 행사에 참가합니다. 수백 명 구글러가 모여 네트워킹도 하고 새로 나올 제품과 기술에 대해 업데이트를 받는 기회죠. 1년에 한 번 있는 이 행사는 그동안 화상 통화나 이메일로만 소통하던 동료들을 직접 대면하는 기회라 다들 이날을 손꼽아 기다립니다. 팀원 모두가 소풍이라도 가는 것처럼 들떠 있죠.

2019년 여름 어느 날, 오프사이트 행사장에 도착한 저는 각 나라 커뮤니케이션 담당자들을 두루 만나고 다니면서 인사도 하고 이런저런 얘기를 나눴습니다. 미국 영어 원어민뿐 아니라 전 세계 동료들의 서로 다른 억양의 영어가 용광로처럼 뒤섞인 그곳은 영어 연습을 위한 최적의 장소입니다. 영어를 본격적으로 하기 이전에는 '인도 사람들은 억양이 너무 세고 숨도 쉬지 않고 빨리 말해' '프랑스 애들은 혀를 너무 많이 굴려' '호주식 영어는 미국식 영어와 정말 다르구나!' 하면서 억양이나 악센트, 발음에 대한 불평 불만이 많았어요. 그런데 영어 공부 10년을 거치고 나니 모든 말을 쉽게 알아듣지는 못해도 다양한 영어에 대해 마음이 열리고 자신감이 차오른 제 자신을 발견할 수 있었죠.

그렇게 다른 나라 팀 동료들과 며칠간 허심탄회하게 대화를 나누면서 저는 구글 한국 팀에서 제가 겪고 있는 문제를 다른 나라 팀들도 똑같이 겪고 있다는 사실을 발견했습니다. 각 나라 커뮤니케이션 팀과 본사와의 연결이 잘 안 되고 있다는 문제였죠. 전 세계에서 가장 영향력 있는 테크 기업인 구글이 정작 본사에는 전 세계 팀을 전담하는 곳이 없어서, 각 나라 팀들이 본사의 협조를 필요로 할 때 진행이 수월하지 않아 발만 동동 구르는 일이 많았거든요. 그것이 한국을 포함한 50개 나라 팀의 가장 큰 고충이라는 사실을 대화를 통해 알게 된 것입니다. 드디어 오프사이트 마지막 날, 전 세계 커뮤니케이션 팀의 수장인 총괄 부사장에게 각종 사안에 대해 질의응답하는 시간이 돌아왔습니다. 오프사이트 기간 동안 제가 부지런히 각국 팀들과 대화를 나누며 발견한 이 문제에 대해 건의해봐야겠다고 생각했죠.

수백 명이 모인 자리에서 발표나 질문을 하는 건 정말 부담되는 일입니다. 다른 이들이 공감할 수 있고 유용한 발언을 해야 한다는 것도 그렇지만, '마이크에 대고 상대방이 바로 알아듣지 못하는 영어를 하면 어떡하지? 개망신인데' 하는 부담이 제일 크죠. 그런데 그날은 그러지 않았어요. 예전 같으면 머릿속으로 무슨 말을 해야 할까 영어 문장을 미리 만들면서 고민했을 텐데 말입니다. 그동안 영어 공부를 정말 열심히 했으니, 일단 말을 하기 시작하면 어떻게든 밀고 나가자는 생각이었어요.

영어 학습한 것을 틀리든 말든 적극적으로 써먹어보는 것을 습관화한 이후로는 머릿속에 미리 영어 문장을 만들어놓지 않습니다. 호랑이 굴에 몸을 던지듯이 영어를 하는 그 현장에 나를 던져야 영어로 생각하고 말하는 실전 훈련이 되기 때문이지요. 부사장이 발표를 끝내고 질문을 받겠다고 하자마자, 저는 손을 번쩍 들었습니다. 질문은 가장 먼저 하는 게 좋아요. 안 그러면 자기 차례가 돌아오기까지 점점 더 긴장되고 가슴은 더 크게 방망이질하거든요. 드디어 부사장이 제 이름을 부릅니다. "Lois! shoot!" 저는 이렇게 말했습니다.

"본사에 인터내셔널 리에종, 즉 중개자 역할을 담당할 팀이 필요합니다. 전 세계 커뮤니케이션 팀과 본사를 이어주는 담당자가 있으면 더 원활하게 소통할 수 있을 거예요. 그리고 미국에 주재하는 전 세계 매체 특파원 관리를 할 전담 인력도 필요하고요. 이건 제가 속한 한국 팀만 느끼는 게 아니라 제가 어제 그제 만나본 대부분의 나라 팀에서 공통적으로 갖고 있는 의견입니다."

말을 마치고 나자 여기저기서 박수가 나왔습니다. 물론 부사장은 "좋은 생각입니다. 여러 가지 고려해야 할 게 있으니 생각해보겠습니다"라고 약간은 상투적인 답을 하고 지나갔습니다. 정말 큰마음 먹고 질문했는데, 대답이 너무 짧다는 생각이 들 정도로요. 그래도 그 질문을 하고 나서 얼마나 후련했는지 모릅니다. 그리고 기적처럼 딱 2주 만에 인터내셔널 팀 리더를 뽑는다는 공고가 올라왔습니다. 정말 기뻤죠. 용기 내서 한 말이 받아들여지다니! 그것도 영어로!

　처음에는 제 제안이 받아들여진 것만으로도 기뻤습니다. 당시 노르웨이에서 트레킹을 하며 휴가를 보내고 있던 저는 뭔가 번쩍하듯이 머릿속을 스쳐갔습니다. '아, 내가 그 자리에 직접 가보는 건 어떨까?' 하는 생각이요. 사실 이전까지만 해도 본사에 가고 싶다는 생각을 단 한 번도 해본 적이 없었습니다. 영어 원어민으로 가득한 커뮤니케이션 팀에서 비원어민인 제가 영어로 일한다는 건 감히 상상도 했으니까요. 그런데 노르웨이 대자연이 심어준 자신감 때문이었을까요? 아니면 10년 동안 죽어라 한 영어에 대한 믿음이었을까요? 갑자기 '한번 해보지 뭐' 하는 생각이 든 겁니다. 망설임 없이 채용 담당 디렉터에게 바로 이메일을 보냈습니다. 그리고 바로 답장이 왔습니다. "로이스가 와야죠, 그럼."

나이 쉰, 실리콘밸리로 향하다

그렇게 한 달 뒤, 저는 미국 본사로 향하게 됐습니다. 천운과도 같은 기회를 얻게 되었는데, 본사 첫 근무일이 결정되고 비행기표를 받아 드니 가슴을 짓누르는 듯한 부담감이 저를 압도해왔습니다. 당연히 영어 걱정이 제일 컸죠. 마흔 살부터 10년간 악착같이 영어 공부를 했지만, 이렇게 턱 하니 본사로 '순간이동' 해서 갈 수준이 되는 건가 의심이 든 거예요. 본사에서는 '한국인치고 잘하는 영어'로는 어림도 없습니다. 채용할 때 직무 설명서에 빠지지 않는 조건이 '입증된 탁월한 글쓰기와 말하기 능력excellent demonstrated written and verbal communication skills'인 만큼, 저널리스트 출신이나 영문학 전공자가 많고(그것도 하버드 대학교 졸업자는 왜 그리 많은지), 다들 보도자료, 입장 표명서나 블로그 글은 식은 죽 먹기로 쓰는 사람들입니다. 원어민 중에서도 어휘력도 더 풍부하고 수준 높은 언어를 구사하죠. 게다가 구글의 디렉터들은 대부분 20년 안팎의 경력자들이니, 본사 디렉터로 이동하는 저에게도 그 정도의 역량을 기대하는 건 당연한 일이었습니다. 그런 살벌한 곳에서 영어 비원어민인 내가 과연 잘해낼 수 있을까? 걱정이 이만저만 아니었습니다.

하지만 일은 벌어졌고, 기왕 시작했다면 어떻게든 수습하면 됩니다. 쉰 살의 저는 그렇게 미국에 왔습니다. 일단 해보자는 마음으로요. 마치 영어를 해야 하는 그 순간에 망설임 없이 내 몸을 던졌듯이 미국에 나를 던져보자. 더 열심히 공부하면 되지. 그런 마음으로요. 미국에 와서 영어를 더 치열하게 했습니다. 영어를 위한 노력이 자양분이 되어 제가 모르는 사이에 영어가 작년보다 올해가 더 나아지고 있더라고요. 10년 전 시작한 영어가 아니었다면, 저는 그 오프사이트에서 다른 팀원들과의 대화를 통해 기회를 발견할 생각도 못했을 거고, 내가 제안한 자리임에도 감히 본사 자리를 꿈도 꾸지 못했을 거고, 나이 50에 새로운 도전을 하게 될 거라는 상상도 못했을 겁니다.

지금도 영어 공부는 현재진행형이지만, 10년 전 마흔 살에 시작한 영어가 쉰 살에 기회를 만들었던 것처럼, 지금 제가 오늘 투자하는 시간과 노력은 미래에 또 다른 기회가 되리라 확신합니다. 이 세상에 공짜 없다지만, 영어에는 정말 그렇더라고요. 다행히 투자한 만큼 돌아오는 게 영어입니다. 영어에 대한 투자는 확실한 보상이 있습니다. 언제일지는 모르지만 기회는 확실히 옵니다. 기회가 왔을 때, 준비된 사람만이 그 것을 붙잡을 수 있는 걸 테고요.

영어, 절박해지기 전에
절실해져라

스무 살, 아니 서른 살 때만으로라도
돌아갈 수 있다면

이번 가을에 유튜브 영어 선생님으로 유명한 소피 반 선생님을 애틀랜타에서 직접 만날 기회가 있었습니다. 혼자 영어를 공부하며 〈소피 반〉 채널에 너무 큰 도움을 받았던 터라, 팬의 심정으로 꼭 만나고 싶어서 직접 메일을 보냈는데 선생님이 흔쾌히 집으로 초대해주신 거죠. 꿈에 그리던 그분을 만나 즐겁게 대화를 나누던 중 선생님이 제게 물었어요. 20세, 30세, 40세로 돌아간다면 그때의 본인에게 해주고 싶은 말이

뭐냐고요. 저는 정말 1초의 망설임도 없이 답했습니다. "스무 살 나에게도 영어 해라. 서른 살 나에게도 영어 좀 해라. 마흔 살 나에게도 늦지 않았어, 영어 더 하라고 말할 거예요."

영어 공부 시작은 빠르면 빠를수록 좋습니다. 꼰대가 되고 싶지 않아서 젊은 후배들에게는 쓸데없는 참견이나 주제 넘는 얘기를 하지 않으려고 애쓰지만, 영어에 관해서만큼은 자타공인 꼰대 잔소리꾼이 됩니다. 어쩌면 피를 토하는 심경으로 "제발 영어 공부만큼은 해요!"라고 하죠. 저도 20년 전에는 그런 말을 들으며 회사를 다녔어요. 제 사수였던 부사장님이 늘 "영어 좀 해요!" 잔소리하셨거든요. 이미 회사에서 영어를 제일 잘하는데도 하루에 3시간씩 꼬박 CNN 방송을 들었던 분이었죠. 그가 왜 그렇게 영어에 목을 매는지 그때 저는 이해가 잘 가지 않았어요. 지금 당장 영어를 쓰지 않는데 공부하라고 닦달하는 게 업무 외 자기계발을 강요하는 듯 느껴지기도 했고요.

그랬던 제가 지금은 후배들에게 하루가 멀다 하고 영어를 강조합니다. 머리 잘 돌아갈 때 영어 하라는 의미도 있지만, 더 중요한 이유는 영어에는 절대적인 '시간'이 필요하기 때문입니다. 영어는 오늘 한다고 내일 당장 달라지는 것이 아니죠. 하지만 매일매일 영어가 쌓이면 3년 뒤, 5년 뒤에는 완전히 달라집니다. 영어 실력만 달라지는 게 아니라, 세상을 보는 눈도, 당신이 서 있는 곳도 완전히 달라집니다. 더 많은 기회를 보게 되고, 두려움 없이 움켜쥐는 용기가 생기기 때문입니다.

제가 구글에서 사람을 뽑는 입장이 되어보니 세상에 일 잘하는 사람은 너무 너무 너무 많았습니다. 나의 젊은 시절을 생각하면 감히 구글에 명함도 내밀지 못하겠구나 싶을 정도로요. 그런데 이제는 일 잘하는 사람보다 영어 잘하는 사람이 더 눈에 들어옵니다. 아무리 일을 잘해도 영어를 못하면 이런 아쉬움부터 들기 때문이에요. '아, 저 사람은 영어로 무장만 할 수 있다면 정말 대단한 글로벌 인재가 될 텐데 너무 아쉽다!' 이런 암묵적인 평가가 그 사람의 인사 고과에 직접적인 영향을 주지는 않지만, 결과적으로는 영어라는 장애물이 작동하고 있는 거죠. 향후 더 크게 성장할 수 있는 가능성을 본인은 모르고 있는 겁니다. 직장에서 이런 케이스는 생각보다 비일비재합니다.

이건 젊은 세대들의 문제만은 아닙니다.

"아니 그게 뭔 책이에요?"

"아, 영어 회화 책이요. 요즘 영어 쓸 일이 많은데 지금 영어로는 답답해서요."

구글 초창기 때 한 기업의 중견 임원으로 알게 된, 지금은 큰 기업 대표 자리에 오른 친구의 말이었습니다. 오랫동안 친분을 유지하며 함께 성장하다 이제는 50대의 나이에 접어든 그를 오랜만에 보니 무척 반가웠습니다. 더 반가운 건 그때 친구 손에 들린 영어 회화 책이었죠. 미국에서 대학원 유학을 하고 해외 주재원 업무도 3년이나 했던 그는 남들보다 영어를 잘하는 편이었지만, 갈수록 영어 말하기가 부담이 된다고 했습니다. 실무를 담당하는 부하 직원이 영어 실력파인데 뭐가 걱정이냐고 물으니 그의 답은 이랬어요. "글로벌 행사를 가면 회사를 대표하는 사람으로서 만날 사람이 많은데 영어 회화가 안 되니 얘기를 깊게 나눌 수 없어서 답답해요. 대학생 앞에서 늘 중학생 영어를 하고 있는 느낌이에요. 한국어로 하면 '세상 똑똑이'인데 영어로만 하면 바보가 되는 듯한 기분이랄까요. 영어는 참 평생 숙제네요."

주입식 영어 교육을 받은 지금의 40, 50대에게 가장 약한 것이 바로 '말하기'죠. 외국계 회사에서 근무하지 않는 이상 영어를 사용할 일이 없었던 세대이기도 합니다. 그런데 글로벌 시장에서 한국 시장의 비중이 높아지면서 어떤 회사에 있든 점점 영어 할 일이 많아지고 심지어 각 조직의 리더로서 영어로 네트워킹 하거나 토론이나 발표에 참여해야 할 일이 늘어난 겁니다. 영어 잘하는 후배들이 자리를 휘어잡는 동안 우리 40, 50대 리더들은 영어에 대한 자격지심만 높아지고 있는 거죠. 그렇게 손가락 사이로 빠져나가는 기회를 바라만

보다가 다가오는 은퇴 시점을 더 앞당겨야 하는지 고민하게 됩니다. 수많은 업무 경험과 깊은 연륜이라는 무기를 손에 쥐고도 영어 때문에 스스로 자존감이 낮아지는 겁니다. 그럴 때 생각하죠. 아, 내가 10년 전에만 영어를 했다면?

영어와 무관하게 사는 평범한 직장인일지라도 도저히 영어 없이는 안 될 것 같은 순간이 반드시 찾아옵니다. 그런데 그때까지 영어 공부를 해놓지 않으면, 영어는 도저히 벼락치기로는 해결할 수가 없습니다. 지금 당장 영어를 못해도 크게 문제는 없지만, 우리 마음속 깊이 남아 있는 불안감만큼은 외면할 수 없을 겁니다. 불안은 기회 앞에서 찾아오는 감정이니까요. 우리는 인생의 기회 대부분을 그때가 지나고 나서야 그게 기회였다는 사실을 뒤늦게 깨닫습니다. '영어만 잘했다면 내가 다른 방식으로 커리어의 문을 열어볼 수 있지 않았을까?' '영어만 잘했다면 여행지에서 더 많은 것을 누릴 수 있지 않았을까?' '영어만 했다면 그 일을 주저하지 않았을 텐데!' 살면서 이런 생각을 단 한 번도 한 적이 없다고 자신할 수 있나요? 아마 그렇지 않을 것입니다.

저도 그런 후회를 합니다. 좀 더 일찍 영어 공부를 절실하게 시작했다면 어땠을까? 그때 영어를 잘해서 그 프로젝트를 성사시켰다면, 이런 방식으로 설득하고 예산을 따왔다면 어땠을까? 50이 넘어서가 아니라 좀 더 일찍 미국에 진출할 수 있지 않았을까? 아예 일찍이 미국에서 커리어를 시작했다면 내 인생은 어떻게 달라졌을까? 이런 후회와 아쉬움이요.

영어 불안증은 기회를 놓치고 있다는 신호

"에이, 글로벌 기업인 구글에서 일하니까 영어가 그렇게 중요하겠지!" 꼭 이게 저만의 얘기일까요? 그렇게 생각한다면 스스로의 마음을 부정하고 있는 걸지도 모릅니다.

첫 책을 낸 후 감사하게도 여러 기업에서 연사 초청을 받아 이야기를 나눌 기회가 많이 생겼습니다. 대부분 직장인이라면 누구나 가질 고민들을 속 시원하게 털어놓는 시간이었는데, 강연 때마다 나오는 말이 바로 "영어 때문에 너무 스트레스인데 어떻게 하느냐"였어요. 외국계 기업이 아닌데도 영어를 해야 하는 요구가 목까지 차오르고 있다는 겁니다.

국내 IT 대기업 직원들을 대상으로 강연하는 날이었습니다. 강연 중에 "영어가 지금 당장 필요한 분 손 들어보세요"라고 했더니 10~15%가 손을 듭니다. "그렇다면 앞으로 필요할 것 같은 분?" 했더니 80% 이상이 손을 듭니다. 그 이유는 성장의 기회, 더 좋은 조건의 업무 부서나 연봉, 승진 등을 꼽았고, 무엇보다 이직에서 가장 중요한 경쟁력이라는 것이었습니다.

　조금 안타까운 것은 다음 질문에 대한 반응이었어요. "영어 때문에 지금 당장 스트레스를 받는 분?" 어땠을까요? 네, 100% 다 손을 들었습니다. 영어를 지금 당장 업무에 사용하든 사용하지 않든, 영어를 잘하든 못하든, 영어 실력이 커리어 성장에 어떤 형태로든 꼭 필요하다고 여기기 때문에 그렇게 스트레스를 받는 것입니다.

　우리는 언제 어디서 영어를 쓰게 될지 가늠할 수 없는 세상에 살고 있습니다. 다시 말하면 기회가 어디에서 튀어나올지 예상할 수 없다는 말입니다. 기업 내 '해외 사업부'와 같이 해외 연락을 전담하는 부서가 사라지면서 어느 부서에 근무하든 필요하면 누구나 영어로 일해야 하는 경우가 생기고, 국내 기업이 해외로 진출하거나 심지어 해외 기업에 합병되면서 영어 커뮤니케이션을 해야 하기도 합니다. 예를 들면 닥터자르트 같은 국내파 기업이 에스티로더 같은 외국계 회사에 인수합병되기도 하고, K-콘텐츠 열풍이 불면서 소규모 제작사도 해외 바이어와 수시로 접촉하는 등 언제까지고 우리말로만 일할 수 있으리라는 보장이 없습니다.

　구글 코리아에서 근무할 때 구글이 한국의 한 스타트업을 인수한 적이 있습니다. 그곳 직원들 입장에서는 정말 하루아침에 외국 기업에서 일하게 된 것이죠. 그때 어떤 이들은 구글에 합류하고 또 어떤 이들은 퇴사를 택했는데, 구글로 옮겨 온 사람들이 하나같이 하는 말이 일하면서 가장 힘들었던 게 영어였다고 합니다. 당시만 해도 면접 볼 때는 통역사를 붙여 줘서 괜찮았지만, 일하다 보니 결국 영어는 발등에 떨어진 불이 된 겁니다. 수시로 팀 회의나 메신저, 메일을 통해 왜 어떤 일이 이런 방식으로 가야 하는지 다른 팀 사람들을 설득하고 협조를 구하는 등 늘 치열하게 논의해야 하기 때문이지요.

더 큰 기회, 더 큰 도약을 위해

영어는 단순히 일을 잘하는 수단일 뿐 아니라 커리어의 블루오션으로 나가는 지름길이기도 합니다. 물론 자기 전문 분야에 대한 지식과 경험이 뒷받침되어야 하겠지만 말이죠. 구글 코리아 시절, 한 달에 한 번씩 중고등학교 학생들을 대상으로 멘토링 강연을 했어요. 그때마다 학생들에게 강조한 것은 바로 레드오션인 한국 직업 시장에서만 싸우지 말고, 기회가 더 많은 블루오션으로 향하라는 것이었어요. 당연히 지금의 직장인들에게도 마찬가지죠. 국제 비즈니스, 외교, 과학, 기술 분야에서 가장 많이 사용되는 언어인 영어를 피하려야 피할 수가 없습니다. 《이코노미스트The Economist》에 따르면,

전 세계 광고의 40% 이상이 영어로 진행된다고 하죠. 전 세계 15억 명 이상의 사람이 현재 영어를 배우고 있고, 이 숫자는 꾸준히 증가하고 있다고 하고요. 이는 영어 능력이 더 큰 경제적 기회를 열어준다는 방증입니다.

우리가 영어를 하면 자신의 전공 분야뿐 아니라 다양한 산업과 직업군을 넘나드는 게 가능해집니다. 대학원에서 만난 친구 지연(가명)이 바로 그런 케이스였습니다. 당시 30대 초반이었던 그는 한국 IT 기업에서 매니저로 일하면서 남편과 맞벌이로 세 살 아이 하나를 키우고 있었습니다. 양육의 주 책임자가 되어버린 지연 씨는 회사 일도 대학원 공부도 육아도 모두 잘해내고 싶었지만 도저히 시간을 낼 수가 없었고 결국 대학원을 휴학하게 됩니다.

고민을 털어놓는 그에게 저는 커리어를 확장하는 데 대학원만이 정답은 아니니 차라리 영어에 올인을 해보라고 조언했어요. 나도 영어를 매일매일 하고 있다고 서로 격려도 잊지 않았죠. 지연 씨 업무에서 영어가 꼭 필요한 건 아니었지만 워킹맘으로 살면서 자기 성장이 정체된 느낌이 들 때마다 영어 공부는 일종의 돌파구가 되어줬습니다. 꾸준히 하는 무언가가 있을 때 우리는 매일 성장하고 있다는 자기 확신을 가질 수 있으니까요.

우리는 그렇게 한 달에 한 번씩 만나며 서로의 영어 안부를 묻는 사이가 됐습니다. 영어가 늘지 않아 힘들 때는 서로 푸념도 받아주고 영어를 계속할 수 있는 힘을 북돋아줬고요. 그렇게 3년째 되던 어느 날, 그에게 기회가 찾아왔습니다. 부서 회식 날이었는데 옆 테이블에 해외 영업팀이 영어 원어민과 함께 회식을 하고 있었다고 해요. 그래서 자연스럽게 두 부서가 합석하게 된 거죠. 원어민 앞에 쭈뼛대던 다른 팀원들과 달리 지연 씨는 그동안 연습해온 영어 실력을 맘껏 펼쳤습니다. 영어를 써먹을 수 있는 유일한 기회였던 거죠. 아마도 이때 두 부서의 부서장이 그를 눈여겨봤던 것 같아요. 그로부터 6개월 후 해외 사업팀에서 사람을 뽑는데, 지연 씨에게 부서 이동 제안이 들어온 겁니다.

회사에서 가장 잘나간다고 생각한 해외 사업팀에서 본인에게 제안을 해오다니, 그는 감격했습니다. 무엇보다 힘겨운 육아 속에 유일하게 할 수 있었던 자기계발이 영어 공부였는데, 그게 빛을 발했다는 것이 기뻤던 거예요. 그렇게 부서 이동을 하게 된 지연 씨는 여전히 잘나가는 직장인으로 살고 있어요. 워킹맘이라는 현실에 부딪혀 좌절할 때 새로운 목표인 영어를 알려주어 고맙다는 말을 지연 씨는 아직도 제게 종종하곤 해요.

그런데 사실 지연 씨 같은 경우는 주변에 참 많습니다. 우리나라 산업 규모가 점점 더 커지는 만큼 영어로 얻을 수 있는 기회는 점점 더 커지겠죠. 잉글리시 랭귀지 컴퍼니English Language Company(ELC)의 보고서에 따르면, 영어 능력과 수입은 비례한다고 합니다. 당연한 말 같기도 하지만, 영어를 유창하게 구사하는 사람들이 영어 능력이 제한된 사람들에 비해 더 높은 수입을 받는다는 의미죠. 이 수입 격차는 우리나라처럼 영어가 모국어가 아닌 국가에서 더 현저히 나타난다고 해요. 이에프EF Education First가 진행한 '이코노미스트 인텔리전스 유닛Economist Intelligence Unit' 연구에 따르면, 94%의 경영진들이 직원을 고용할 때 효과적인 영어 의사소통이 가능한지를 필수로 본다고 답했다고 합니다. 영어 능력이 높은 사람들의 고용 기회가 높아지는 건 어찌 보면 당연합니다.

이는 영어 실력이 네트워킹의 기회로 연결되기 때문이기도 합니다. 급변하고 있는 우리 사회에서 정보를 아는 노하우know-how보다 더 중요하고 가치 있는 건 바로 그 지식을 갖고 있는 사람을 아는 노후know-who입니다. 이는 구직할 때에 더욱 큰 힘을 발휘합니다. 조사에 따르면 이직하거나 구직할 때 80% 이상이 네트워크를 통해 이루어진다고 하죠. 인사 담당자가 사람을 구할 때도 꼭 내부 인맥과 평판을 통해 접촉하고 인터뷰를 잡아요. 그런 환경에서 우리나라 사람들과 한국어로만 네트워킹하는 사람에게는 그 기회가 제한적일 수밖에 없어요.

그런데 영어를 하면 더 폭넓은 인맥을 쌓을 수 있습니다. 마치 지연 씨가 회식 자리에서 다른 부서 원어민과 친분을 쌓은 것이 기회가 되었듯, 영어를 잘해서 오는 기회는 생각보다 성공률이 높습니다. 예를 들어 오프라인에서는 각종 포럼이나 박람회 등을 포함해 다양한 행사들이 개최되고 이곳에 다양한 국적의 사람들이 모입니다. 링크트인이나 페이스북 등 내가 관심 있는 분야의 사람들에게 말을 걸 수 있는 온라인 창구도 많잖아요. 만약 영어를 잘 구사한다면 외국 기업에 다니는 사람들에게 부담 없이 말 걸고 정보를 공유하면서 네트워킹을 할 수 있게 되죠. 이때 영어 잘하는 당신을 눈여겨봤던 누군가가 생각지 못한 기회를 제안할 수도 있어요. 하다 못해 온라인에 구인 공고가 뜨면 그 회사를 다니는 사람이나 인사 담당자를 찾아서 바로 제안 메일을 보내보는 것도 가능합니다. 나를 끊임없이 사람들 앞에 드러내야 더 많은 기회를 얻을 수 있어요. 혼자 책상에 앉아서 일만 열심히 한다고 얻어지는 건 별로 없습니다. 이런 네트워킹은 나중에 큰 힘을 발휘하게 됩니다.

이 모든 건 지금 영어를 하지 않으면 벌어지지 않을 일들입니다. 지금 하지 않으면 영어는 절대 늘지 않아요. 만약 영어를 못해서 나중에 도태될까 두렵다면, 미래에 좋은 기회를 놓칠까 두렵다면, 불안해할 그 시간에 그냥 오늘 영어 공부를 30분이라도 해두는 게 낫습니다. 미래에 대한 불안을 현재의 절실함으로 바꾸세요. 지금 절박한 문제가 되어버렸다면 사실 이미 늦은 것일지도 모르거든요. 더 나은 내일을 만드는 건 막연한 불안이 아니라 지금 여기서 하는 공부 30분입니다.

영어를 잘하는 가장 빠른 방법

됐고, 일단 시작하라

영화 〈기생충〉에서 가정부 국문광 역을 맡았던 배우 이정은 씨가 칸 영화제에서 한 인터뷰를 본 적이 있어요. 생애 처음 서보았을 레드카펫 현장에서 불쑥 들어오는 기자의 질문에도 전혀 당황하거나 긴장한 내색 없이 자신의 의견을 또박또박 영어로 답하는 모습이 놀라웠습니다. 그의 유창한 영어 실력은 SNS를 타고 큰 화제가 되었죠. 나중에 알고 보니 10여 년 전 무명 시절부터 이미 단칸방 연습실에서 지내면서도 전화 영어로 회화 공부를 계속해왔다고 합니다. 언젠가 세계적인 배우가 되기 위해 영어는 꼭 해야 한다고 생각했다고요.

과거 연극 무대에서 뛰어난 연기력으로 정평이 난 그에게 가장 큰 난관은 바로 심각한 카메라 울렁증이었다고 합니다. 카메라 앞에만 서면 대사를 할 수가 없어서 영화 진출에 번번이 실패하고 만 거죠. 난방도 되지 않는 방에서 밥을 굶으면서도 연기 열정을 버릴 수 없어서, 이 카메라 울렁증을 극복하기 위해 무려 8년간 30여 편의 단편영화에 출연하며 카메라 앞에 섰다고 합니다. 몸이 익숙해져서 울렁증이 사라질 때까지 말이에요.

카메라 앞에 서지도 못하는데 매일같이 영어 공부를 했던 그 마음은 어땠을까요? 오지 않을지도 모를 그날을 위해 영어가 몸에 밸 정도로 준비하는 사람의 마음 말입니다. 영어는 어쩌면 답답하고 막막한 현실을 잊게 하고 더 큰 꿈을 포기하지 않게 해줄 동아줄 같은 게 아니었을까요. 그렇게 10여 년의 영어 공부는 그의 연기가 세계 무대에 오르던 그 순간에 폭발력을 발휘하게 됩니다.

장애물 같기만 한 영어, 제대로 하면 그 무엇보다 든든한 무기가 됩니다. 그러니 인생을 바꿀 기회가 지금 코앞에 와 있다고 생각하고 지금 그 절실함을 실감해야 합니다. 영어는 결코 단번에 벼락치기로 할 수 있는 게 아니니까요. 지금이라도 시작하면 5년 뒤, 10년 뒤 꼭 써먹을 수 있는 순간이 기필

코 옵니다. 5년 전, 10년 전인 지금 시작하지 않으면 영원히
잘할 수조차 없죠.

시작했다면 계속하라

이미 스무 살, 서른 살의 언어 학습 황금기를 놓쳤다고요?
괜찮습니다! 영어를 하루라도 빨리 시작하는 것만큼, 혹은
그보다 중요한 건, 계속 꾸준히 하는 겁니다. 영어는 꾸준히
계속 오래 하는 게 가장 빠른 방법입니다. 우리가 영어라는
장애물과 언제 어디서 맞닥뜨리게 될지 예상할 수는 없지만,
그렇다고 조급해할 필요는 없습니다. 오히려 지치지 않고 계
속할 수 있도록 자기만의 호흡으로 공부하는 편이 장기적으
로는 더 효과적이기 때문입니다.

저는 마흔에 검도를 시작했습니다. 당시 제가 수련하고 있
던 검도장에 영어 강사가 다니고 있었습니다. 그것도 강남에
서 가장 잘나가는 어학원에서 가장 빨리 마감되는 스피킹 일
타 강사였어요. 하루는 검도를 마치고 뒤풀이하는 자리에서
이런저런 얘기를 하다 보니 그가 평생 외국에 나가 공부해본
적이 없다는 사실을 알게 됐죠. 토종 한국인이 스피킹 일타
강사가 되었다는 말에 귀가 쫑긋했습니다.

"혹시 나이 마흔에도 그동안 손 놨던 영어를 다시 시작할 수 있을까요?" 조심스럽게 묻자, 그가 답했습니다. "물론이죠! 다만 평생 검도할 생각하듯이 영어도 평생 공부할 생각으로 해야 합니다!" 영어를 잘하고 싶다면 죽을 때까지 할 생각을 해야 한다는 그의 말에 왠지 비장한 심정마저 들었습니다. 그래서 대뜸 내 영어 튜터가 되어줄 수 있느냐고 물었죠. 마침 강사직을 그만두고 잠시 쉬고 있던 그는 흔쾌히 그러겠다고 했습니다. 대신 혼자 하는 것보다는 그룹으로 하는 게 영어 공부를 꾸준히 하기에 좋다고 해서 동료 몇 명과 팀을 짰습니다.

처음 튜터 수업을 받는 날, 엄청 기대에 찬 표정으로 수업에 참여한 제게 선생님은 이렇게 말했어요. "이번 주는 모음을 공부할 거예요." 맞아요. 아, 에, 이, 오, 우, 그 모음이에요. 어이가 없어서 "선생님, 제가 이렇게 바쁜 시간을 쪼개서 영어 공부하는데 아에이오우를 한다고요?" 하고 되물었더니 그는 단호하게 말했습니다. "길게 갑시다. 초보임을 즐기세요. 앞으로 두 달 동안은 자음, 모음 소리 내는 연습을 할 거예요."

초보임을 즐겨라. 그 말에 마음이 동한 저는 그렇게 '파닉스', 발음법부터 새로 시작했어요. 다시 태어난다는 기분으로 영어 공부를 시작한 거죠. 지방에서 중고등학교를 나온 저는 대학 입학 전까지 학원도 제대로 다닌 적이 없었고, 학교에서도 발음법을 가르쳐준 적이 없었어요. '잇 이즈 어 북'이라는 발음도 '유리즈 북'이라고 들렸을 정도니까요. 제 튜터 선생님은 A부터 Z까지 원래 발음은 어떠해야 하는지, 소리는 어떻게 내는지 단어 하나하나 발음법부터 다시 가르쳐줬습니다.

저는 이 파닉스 공부 덕분에 영어에 다시 푹 빠지게 됐어요. 영어와의 치열한 로맨스는 그렇게 시작됐습니다. "이게 이 소리였어?" 발음을 제대로 알게 되니 듣기도 조금 더 잘 들리기 시작했고요. 예를 들면 onion은 '어니언'이라고 발음할 것이 아니라 '언년'에 가깝게 발음한다는 것, inquiry라는 단어를 평생 '인콰이어리'라고 발음해왔는데 '인쿼리'라 한다는 것. 물어보다ask의 과거형인 asked는 '애스크트'가 아닌 '애슥트'라는 것. 이렇게 많은 단어를 평생 잘못 발음해왔다는 것을 알게 되는 순간은 정말 당혹스럽고 민망하지만, 새로 알아가는 기쁨이 훨씬 더 컸습니다.

저처럼 뒤늦게 영어를 시작하는 사람들이 제일 먼저 빠지는 함정이 바로 '이 정도부터는 해야 하지 않을까?' 하는 겁니다. 고등학교 때 성문 영어를 뗐으니까 20년 만에 회화 중급반에 들어가겠다고 결심하거나, 어려운 영어 콘텐츠를 보면서 따라하기 어려워서 한두 번 하다가 말게 되는 것이죠. 이러면 영어 공부가 어려워지고 부담스러워집니다. 그러면 더 빠르게 좌절하고 중도 포기 하기도 쉬워지죠. 영어에서 중요한 건 자기만의 속도입니다.

영어 공부는 하루라도 빨리 시작하는 게 좋지만 그렇다고 조급할 필요는 없습니다. 초보임을 즐기세요. 누구나 반드시 초보자가 된다고 하잖아요. 영어를 계속하려면 재미를 붙여야 하고, 그러려면 자기의 취약점을 빠르게 찾고 단기적으로 빠른 변화를 느끼면서 성장의 즐거움을 느끼는 편이 좋습니다. 저는 완전히 잘못 알고 있었던 발음들을 차근차근 교정하다 보니, 하루하루 영어 발음이 좋아지는 게 느껴졌습니다. 그리고 발음을 몰라 제대로 듣지 못했던 말들이 귀에 들리기 시작했습니다. 파닉스처럼 워낙 쉬운 것부터 시작하니 변화를 확확 실감할 수 있다는 게 좋았어요. 단 6개월 지났을 뿐인데 영어 문장을 읽을 때부터 확연히 달랐으니까요.

'명색이 구글 다니는 사람이 발음 연습부터 하고 있다니 누가 보기라도 한다면 얼마나 부끄러울까?' 이런 생각을 한 적은 단 한 번도 없었습니다. 저는 제게 필요한 영어를 했을 뿐이니까요. 만약 여러분이 뒤늦게 영어 공부를 시작했다면 절대 남들과 비교하지 마세요. 위로가 될지 모르겠지만 세상에 영어 잘하는 사람은 너무너무 많으니까요. 살면서 '아, 나 영어 공부했어야 했는데!' 하고 느끼는 순간, 그때부터 영어를 잘해서 잘나가는 사람들이 우리 눈에 들어오기 시작해요. 그

때 '지금 시작한다고 되겠어?'라고 생각하면 결국 시작도 못 하게 됩니다. 비교하지 마세요. 나는 나의 길을 가야 합니다.

내가 가야 할 지점이 어디인지 방향을 정해두고, 단기 목표와 장기 목표를 설정하여 차근차근 밟아가면 됩니다. 길은 걸어가면서 만드는 법입니다. 평소에 발음에 자신이 없었다면 아주 기초적인 발음부터 시작하면 돼요. 유튜브에서 몇 개월 만에 새도잉(영화나 미드, 뉴스나 강의 등의 영어 대화문을 듣고 구간별로 끊어서 따라하는 학습 방식)으로 원어민처럼 영어를 하게 되었다는 사람들과 비교하면서 지금 안 되는 영어에 절망하거나 나의 가능성을 깎아내릴 필요는 없습니다. 중요한 건 시작이고, 시작했다면 계속하는 겁니다.

계속하는 사람은 미래가 두렵지 않다

제가 15년 가까이 검도의 매력에 푹 빠졌던 이유는 검도에서의 승부가 나이와도 상관없고, 체급과도 상관없고, 급수나 단수와도 상관없다는 것이었습니다. 한창 날아다니는 20대와 움직임이 느린 70대가 즐겁게 같이 겨룰 수 있고, 초단자와 4단 사범이 겨뤄도 손에 진땀이 나는 명승부가 가능한 게 검도입니다. 게다가 유급자들도 머리치기 기본 연습을 하고 유단자들도 똑같이 머리치기 기본 연습을 합니다. 한번 다했다고 해서 완성되는 게 아니라 평생 배우고 수련해야 한다는 의미에서, 검도인들 사이에서는 '평생 검도'라는 말을 자주 해요. 그리고 평생 검도를 하면 이렇게 될 수 있다고 말합니다.

10대에 검도를 하면 자신감이 생기고,

20대에 검도를 잘한 사람은 30대에 당당하다.

30대에 검도를 한 사람은 40대에 늠름하다.

40대에 검도를 한 사람은 초라하지 않은 50대를 맞을 수 있다.

50대에 검도를 게을리 하지 않은 사람은 60대가 되어도 두려워하지 않는다.

60대에 쉬지 않고 검도를 수련한 사람은 누가 위로해주지 않아도 담담하게 70대를 맞을 수 있다.

(출처: 대한 검도회 블로그, 대전 백련검도관 박종봉 관장)

그런데 검도라는 말 대신 영어를 넣어도 참 잘 어울리는 말인 것 같습니다.

10대에 영어를 하면 자신감이 생기고,

20대에 영어를 잘한 사람은 30대에 당당하다.

30대에 영어를 한 사람은 40대에 늠름하다.

40대에 영어를 한 사람은 초라하지 않은 50대를 맞을 수 있다.

50대에 영어를 게을리 하지 않은 사람은 60대가 되어도 두려워하지 않는다.

60대에 쉬지 않고 영어를 수련한 사람은 누가 위로해주지 않아도 담담하게 70대를 맞을 수 있다.

사실 40, 50대가 되어 뒤늦게 시작하는 영어 공부란 참 막막한 일입니다. 영어를 놓은 지도 너무 오래된 데다, 젊은 애들 영어하는 것을 보면 내가 지금 아무리 해도 저 정도까지는 안 될 텐데 자포자기하게 되죠. 실컷 외우고 돌아서면 까먹는 게 일상인 나이니까요. 마치 밑 빠진 독에 물 부으며 제자리걸음을 하는 것 같을 거예요.

영어를 공부하는 '결정적 시기'가 있는 건 사실입니다. 어학은 빨리 접하면 접할수록 더 쉽게 배우고 오래 기억할 수 있다는 사실은 이미 널리 알려져 있죠. 하지만 인간의 적응 능력과 학습 능력은 나이를 먹었다고 해서 꼭 퇴화하는 것이 아니라고 합니다. 외부의 자극과 환경의 변화에 의해 두뇌가 끊임없이 자극을 받으면서 적응하고 학습할 수 있다고 하죠.

이 말은 곧 죽을 때까지 학습할 수 있다는 소리이기도 합니다. 영어 공부를 하기에 너무 이른 때란 없지만, 너무 늦은 때도 없습니다. 그냥 영어는 평생 하는 게 맞습니다.

40, 50대에 하는 영어를 저는 콩나물시루에 비유합니다. 콩나물을 키울 때에는 채반에 콩을 두고 계속 물을 부어줍니다. 채반에는 콩이 빠져 내리지 않을 정도로만 구멍이 숭숭 뚫려 있는데, 그래서 물을 부으면 그대로 잘 빠지죠. 마치 40, 50대의 기억력처럼요. 그런데 놀라운 건, 물이 고여 있지 않아도 어느 순간 어둠 속에 있던 콩에 뿌리가 돋아나기 시작한다는 겁니다. 그러고 나면 '콩나물 자라듯' 쑥쑥 자라납니다. 반대로 어차피 흘러가버릴 텐데 의미 없다며 매일 물을 주지 않으면 콩나물은 자라지 않을 겁니다. 이처럼 우리가 단어를 하나 외우고 하나 잊어버리면서 흘러가버리는 매일의 노력이 영어 실력을 쑥쑥 키웁니다. 시루 뚜껑을 열면 어느새 쑥쑥 자라 있는 콩나물처럼, 우리의 영어를 키우는 건 바로 그 허무해 보이는 매일의 노력인 거죠. 그리고 그 영어가 꽃피우는 순간, 기회가 왔을 때 그 기회를 잡을 수 있고, 그렇게 또 다른 인생이 시작될 것입니다.

PART 2

영어, 끝까지 가보겠습니다

The difference in winning and losing
is most often……not quitting.

승패를 가르는 가장 큰 차이는 그만두지 않는 것이다.

-월트 디즈니

평생 가는 영어 체력을 다져라

영어 공부 '결심', 절대 하지 마라

생각해보면, 우리의 영어 공부에는 늘 패턴이 있습니다. 새해가 되면 다들 영어 책 한 권씩 살 거예요. 각종 영어 학습 앱과 학원, 교재 회사의 수많은 광고를 보면서 '아, 나도 영어 공부해야 하는데! 올해부터는 영어 공부 진짜 열심히 해보자!' 결심을 합니다. 평소와 달리 과감하게 수업료를 척 내고 영어 학습을 시작해요. 그렇게 한두 주는 스스로도 신기할 정도로 영어 공부에 몰입합니다. 돈을 썼으니까요. 하지만 결론은 늘 우리가 아는 그대로예요. 카드값이 청구될 즈음이 되면, 한두 번씩 공부를 빼먹게 되는 일이 생깁니다. 어떤 날은 야근을 하고, 어떤 날은 저녁 약속이 생기고, 어떤 날은 좀 피곤해요. 한두 번씩 빼먹던 공부를 일주일에 한두 번 할까 말까 하는 때가 오면, '아, 이번 주는 망했네, 나는 역시 안 되는 건가' 스스로를 깎아내리며 포기하게 됩니다.

『영어 공부 절대로 하지 마라』라는 책이 있어요. 제가 여기에 한 가지 덧붙이자면, '영어 공부 결심, 절대로 하지 마라'라고 말할 겁니다. 결심이란, '내가 살다 살다 그런 생산적인 생각을 하다니 내 자신이 너무 대견하다!'라고 여기기 위한 화려한 퍼포먼스일 뿐입니다. 정말 영어를 하기 위해서 내린 '결심'은 얼마 안 가 힘이 빠지는 행위인 거죠.

굳게 결심했는데 왜 그렇게 쉽게 무너지는 걸까요? 문제가 뭘까요? 나의 인내력이 다른 사람보다 약해서? 아닙니다. 자책하지 마세요. 원래 우리 모두가 그렇게 생겼기 때문이에요. 우리 결심을 너무 과대평가하지 말고 있는 그대로 보면 돼요. 결심을 굳게 할수록 우리 뇌는 더 큰 보상을 바라는데, 영어는 그렇게 즉각적인 보상으로 돌아오는 것이 아니기 때문입니다. '동기부여 호르몬'이라고도 불리는 도파민은 이루기 힘든 목표 앞에 좌절하게 될 경우 더 강한 자극을 원한다고 합니다. 영어 공부에서 성취감을 느끼지 못하면 금세 포기하고 즉각적인 다른 보상을 찾게 되는 것이죠. 기대가 큰 만큼 실망도 큰 법이라는 옛말이 틀린 게 하나 없습니다.

그럼 어떻게 해야 할까요? 영어 공부하겠다고 결심하지 말고, 그냥 영어를 할 수밖에 없는 시스템을 만드는 겁니다. 영어를 계속할 수밖에 없도록 내외부적인 환경을 조성해 스스로를 강제하는 거죠. 안 하고는 못 배기게끔 일상을 세팅해서 영어 공부로 돌아올 수밖에 없도록 만들면, 공부를 하기 싫어도 하게 됩니다. 물론 영어로만 생활하는 환경에 우리 자신을 몰아넣으면 가장 좋겠지만, 미국에 살지 않는 이상 그건 어려우니 지금 우리 일상에서 가능한 방법을 동원해보는 겁니다.

영어도 근육처럼 평생 키우는 것

언어는 운동과 같은 습관의 산물입니다. 배구 선수 김연경 선수는 〈나 혼자 산다〉에서 자신이 시즌 오프에도 매일같이 운동하는 이유에 대해 이렇게 말합니다. "하루라도 빼먹으면 근육이 약해져서 다음 날 두 배로 힘들어져요. 더 힘들어지지 않기 위해 매일 해요." 저 역시 매일 아침 눈 뜨자마자 한 시간씩 달리기를 하는데, 정말 비가 오나 눈이 오나 무조건 나갑니다. 달리기가 그렇게 좋냐고요? 아무 생각 없이 하는 거예요. 좋고 싫고의 문제가 아니고 체력을 쌓으려고 나가는 거예요. 나이 들어 체력이 떨어져서 하고 싶은 걸 하지 못하게 될까 봐 매일 달리는 거죠. 가끔은 너무 피곤해서 아침 운동을 빼먹고 싶은 마음도 들지만, 그러면 내일 더 뛰기 힘들고 모레 더 힘들어질 거라는 걸 알아요. 그래서 10분이라도 뛰고 옵니다. 그래야 근손실이 없으니까요.

언어 능력 역시 근육과 같습니다. 영어를 한 달 놓으면 유지되는 게 아니라 퇴보합니다. 언어가 늘고 있는지 알 수도 없고, 그래서 중간에 그만두기도 쉽습니다. 그렇기에 습관 없이 자기 동력만으로는 매일 하는 건 불가능합니다. 영어 공부가 너무 질려서 두 달만 쉬어야겠다고요? 우리가 뭔가를 하기 시작했는데 향상이 더딜 때 지루해지고 타성에 젖는 느낌이 들지요. 그래서 이렇게 아무 의미 없이 반복하느니 다시 열심히 하고 싶은 동인이 생길 때까지 잠시 쉬자 하게 되고요. 하지만 그렇게 쉬고 나서 영어를 다시 시작하기란 쉽지 않을 겁니다.

저는 영어 실력을 근육 키우듯 키웠습니다. 언어 능력이 좋은 사람은 세상에 참 많은데, 저는 그런 사람과는 거리가 멉니다. 언어 학습 능력에 있어서는 미련할 정도로 반복에 반복을 거듭해야 남들을 겨우 따라갈 수 있을 정도거든요. 학교 다닐 때도 교과서를 달달 외워서 봤으니 내신은 100점을 맞았지만, 학력고사에서 새로운 영어 지문을 보면 전혀 해석을 못했으니까요. 다행히 부족한 언어 감각을 보완해준 건 바로 '무거운 엉덩이'였습니다. 그렇게 꾸준히 하는 습관의 힘이 영어에도 결국 통하더라고요. 영어는 수학과 다릅니다. 원리를 깨우치면 응용력을 발휘해 어느 날 갑자기 유창해지는 그런 영역이 아닙니다. 영어는 학문이 아니라 언어이기 때문입니다.

영어를 쉽게 포기하지 않는 가장 좋은 방법은 바로 하루도 빼먹으면 안 되고 빼먹을 수 없는 루틴으로 만드는 것입니다. 영어를 평생 가는 습관으로 만들면 내가 쉬고 싶어도 몸이 나를 강제합니다. 머리를 쓰지 않아도 몸이 저절로 움직이게끔 반복해서 영어 공부 행위를 '근육 기억'에 새겨 넣는 겁니다. 한번 습관으로 자리 잡은 건 하지 말라고 해도 하게 됩니다. 마치 스티브 잡스가 무의식적으로 검은 터틀넥을 골라 입고 매일 아침 출근길을 의식하지 않고 저절로 발걸음을 옮겼듯이 말이죠. 영어도 그렇게 몸에 배게 만들어야 해요. 영어를 밥 먹듯이 해야 합니다. 영어가 지긋지긋해져도 어쩔 수 없이 영어 공부로 돌아가게끔, 그렇게 습관으로 만들어야 하는 것이죠.

습관, 만들기 참 어렵죠. 그런데 오늘은 영어를 할까 말까 고민되는 그 순간, 딱 3일만 연속으로 '영어 공부한다'를 선택해보세요. 습관을 만드는 데는 3주, 3달, 3년의 꾸준함이 필요하지만, 시작은 3일부터입니다. 뭐든 3일 연속으로 하고 나면 패턴이 만들어져서 습관을 들이기 더 쉬워진다고 합니다. 저는 이걸 스스로 '단골 이론'이라고 부르는데요, 맛집을 간다고 생각해보세요. 음식이 너무 맛있는 식당을 발견하게 되면 3일 연속으로 갑니다. 3일은 맛집 사장님과 서로 친해지고 저의 방문 패턴을 읽어 단골 손님으로 각인되기에 충분한 시간이거든요. 습관도 마찬가지입니다. 3년 전 처음 수영을 시작했을 때, 저는 3일 연속 수영장으로 향했습니다. 어제 운동했으니 오늘은 쉬어야지 하면 그사이 마음이 약해져요. 그리고 하루걸러 하루 하는 것보다 3일 연속으로 할 때 근육이 물속에서의 느낌을 더 잘 기억하는 것 같았습니다. 뇌에 패턴이 형성된 것이죠. 영어 오디오북을 들을 때도 마찬가지였어요. 3일 연속 하고 나니 안 들려서 답답한 마음이 조금 덜하더군요.

그렇게 3일을 하고 나면 뒤이어 3일을 이어가기는 훨씬 쉬워집니다. 3일을 해서 익숙해지면 또 할 마음이 생기고, 또 하면 계속할 마음이 생기고, 계속하면 끝까지 하고 싶어지는 연쇄 작용이 벌어집니다. 그렇게 3일을 반복하면서 3일을 3주로 만들고, 3개월로 만듭니다. 그럼 영어는 우리 두뇌 회로에 습관으로 탑재되어 하기 싫어도 저절로 하게 됩니다.

영어를 계속하기 위한 습관 설계

CHAPTER
6

　일상에서도 영어를 놓지 않고 '계속 오래' 할 수 있는 방법은 영어를 습관으로 만드는 겁니다. 때 되면 습관처럼 밥 먹고 운동하듯 영어도 밥 먹듯이 반복하는 것이죠. 습관이란 반복을 통해 만들어지는 결과물인 동시에 내가 어떤 행동을 계속 하도록 만드는 일종의 장치, 시스템이기도 합니다. 영어에서 멀어지지 않도록 환경을 조성해 끊임없이 영어에 노출시키고, 사람들을 만나 영어를 하고, 포기하지 않고 영어를 계속하도록 자기만의 적절한 보상을 주는 시스템 말이죠. 습관에서 이탈하지 않도록 만들어주는 외부적인 요건도 갖춰야 하고, 이 습관이 자연스럽게 몸에 밸 수 있는 절대적인 시간도 필요합니다. 그렇게 자기만의 영어 시스템을 갖춰놓으면 군이 매일 어렵게 '결심'하지 않아도 영어를 할 수 있습니다. 나를 믿지 마세요. 미안하지만 자기 의지를 너무 신뢰하지 마세요. 대신 내가 만든 시스템을 믿어야 합니다.

여기서는 내가 힘들어도, 피곤해도, 리듬이 깨져도, 하기 싫어도, 영어를 다시는 포기하지 않고 계속 오래 이어나갈 수 있도록 스스로를 강제하는 습관 만드는 법에 대해 이야기해 보겠습니다.

첫째, 내 영어가 나아지고 있다는
증거 쌓아놓기

영어를 또 포기하고 싶지 않다면, 지금 내 영어가 늘고 있다는 증거를 꼭 남기세요. 이 증거는 우리 눈으로 확인할 수 있는 것이어야 합니다. 영어를 계속하기 위해서는 동기부여가 필요합니다. 인간에게 가장 효과적인 동기부여는 바로 '어제보다 성장한 나'를 실감할 때죠. 오늘의 영어가 6개월 전, 1년 전 영어와 다르다는 것을 스스로 인지할 때, 우리는 누가 뜯어말려도 영어를 계속하고 싶어집니다. 그러니 내가 얼마나 성장했는지 알기 위해 그것을 두 눈으로 확인하고 실감할 수 있는 증거가 필요합니다.

유튜브로 공부한다면 유튜브 채널 리스트를 눈에 보이도록 정리해놓고, 오디오북을 한 권 듣는 데 성공했다면 바로 다음 권으로 넘어가는 게 아니라 완독에 성공한 책 제목을 내 눈에 잘 띄는 곳에 적어놓습니다. 저는 1년 동안 들은 오디오북 제목을 포스트잇으로 벽 한쪽에 계속 붙여나가고 있는데, 작년에 60여 권, 올해는 80권 정도를 읽었어요. 하나둘씩 노란 딱지로 채워지는 벽을 보면 정말 뿌듯해요. 외운 단어가 있으면 벽에 붙여놓고, 예전보다 발음 하나라도 나아졌다면 그것도 눈에 띄게 적어놓으세요. 그런 작은 성공이 모여서 앞으로 나아가는 거니까요.

어차피 길게 봐야 할 공부라면, 어제의 나, 1개월 전의 나, 1년 전의 나와 비교해보며 발전하고 있는 지금의 나를 칭찬해줍시다. 공부했던 단어나 표현이 떠오르지 않아 막연해지고 의기소침해질 때 이런 성장의 증거들을 다시 꺼내보며 마음을 다잡고요. 눈앞에 걸어가야 할 지평선을 바라보면서 막막해질 때, 잠시 뒤를 돌아 지금까지 걸어온 발자국을 바라보면 힘이 납니다. '아, 내가 제자리걸음을 하지는 않았어. 벌써 이만큼이나 왔어' 하는 성취감과 만족감이 우리를 다시 나아가게 하죠. 영어도 마찬가지입니다. 내 실력이 얼마나 향상되었는지 실감할 때 더 하고 싶은 욕구가 생기는 법이에요.

앞서 파닉스부터 시작한 영어 공부에 대해 이야기했지요. 너무 기초부터 배우느라 지겹지 않을까 걱정했지만, 그건 기우였어요. 나의 약점을 찾고 이를 빠른 속도로 개선해시켜나가는 과정에서 뿌듯함을 느끼고 영어 공부에 재미를 붙이게됐습니다. 거기에 더해 저는 항상 영어 발음을 연습할 때 녹음을 합니다. 휴대전화로 녹음하는 게 그렇게 어렵지 않으니, 생각날 때마다 해두는 거예요. 그렇게 영어 공부를 계속하다가 조금 지칠 때쯤 그 파일을 들어봐요. 6개월 전의 내 발음과 지금의 발음을 비교해 들으면 분명히 영어 실력이 향상되었다는 걸 실감할 수가 있어요. 포기하고 싶다가도 다시금 마음을 다잡을 수가 있죠. 이 작은 성공의 증거들이 성장의 지표가 되어 공부를 이어나갈 동기부여가 될 겁니다.

둘째, 모든 일상에 영어 끼워 넣기

매일 빠지지 않고 하는 일에 영어를 끼워 넣으세요. 원래 습관을 만드는 가장 좋은 방법은 원래 있는 습관에 작은 습관 하나를 끼워 넣는 겁니다. 우리 일상을 생각해보면 영어 공부를 꾸준히 한다는 건 기적과도 같은 일일 거예요. 특히 가정이 있고 자녀까지 있는 분들이라면 영어 공부할 시간을 확보하기는 더더욱 힘들 겁니다. 게다가 건강을 위해 운동 시간까지 확보해야 한다면 더 그렇겠죠. '영어 공부하자!' 결심하는 순간부터 부담스럽고 지치기 시작합니다.

그러니 공부한다 생각하지 말고 찌개에 조미료 넣듯이 일상에 영어 한 스푼을 더한다고 생각해봅시다. 우리의 평범한 일상에 영어 습관을 하나씩 끼워 넣는 거예요. 아침에 눈을 떠서 잠들 때까지 여러분의 모든 일상에 영어 패치를 붙이는 겁니다. 운동할 때, 출퇴근길에, 유튜브 볼 때, 밥 먹을 때, 출근해서 회의할 때 등등 매일 빠짐없이 하는 행동에 영어를 더하세요. 그러면 원어민이 아니어도, 영어권 나라에 살지 않아도 하루 종일 영어에 둘러싸여 있게 됩니다.

제 하루를 한번 들여다볼까요? 제일 먼저 아침에 눈을 뜨자마자 운동복을 입고 나가 조깅을 합니다. 이건 제 오랜 습관인데요, 원하는 걸 오랫동안 즐겁게 하려면 체력이 중요하다고 생각해 아침마다 1시간 이상 뛰고 있습니다. 이때 준비물은 휴대전화와 이어폰입니다. 달리면서 저는 오디오북을 들어요. 어려운 책 말고, 자기 듣기 수준에 따라, 관심사에 따라, 취향에 따라 재밌게 들을 수 있는 오디오북을 고르면, 달릴 때도 충분히 재미있게 영어를 공부할 수 있어요. 구글 플레이에서 무료로 제공되는 고전 어린이 동화책이나 로맨스 소설 등 비교적 쉬운 콘텐츠 시작해도 좋아요.

그러고 나서 출근합니다. 일하는 동안 우리는 생각보다 많은 영어 단어나 표현을 접합니다. 새로운 기술 용어나 트렌드 관련 어휘를 접할 수도 있고, 포털 사이트에서 우연히 모르던 단어를 접할 수도 있어요. 혹은 일하다가 '내가 지금 하고 있는 업무가 영어로 뭐더라?' 하면서 표현을 찾아봐요. 업무에 방해가 된다고요? 3초도 안 걸립니다! 심지어 화상 미팅을 하거나 메일을 보낼 때 상대편이 하는 말 중 이해가 잘 안 되거나 특별하게 느껴지는 단어가 있으면 받아 적곤 합니다. 노트를 반 접어 한 편에는 회의 내용을 메모하고, 한 편에는 내가 모르는 표현이나 단어를 영어로 적어놓습니다. 이메일을 볼 때도 모니터 화면 한 쪽에 빈 파일을 늘 열어놓고 계속 메모합니다. 이 메모장은 집에 가서 복습하기 위한 용도입니다. 로이스의 영어 노트이죠. 일하는 동안에도 영어의 끈은 계속 놓지 않습니다.

퇴근길에는 영어 뉴스를 듣습니다. 매 시간 업데이트 되는 5분짜리 〈NPR News Now〉를 듣거나 〈ABC News Live〉 같은 유튜브 채널을 들어요. 운전하거나 이동해야 할 때는 오디오북처럼 집중력이 필요한 콘텐츠보다 짧은 게 좋죠. 뉴스를 들으며 오늘 어떤 일이 있었는지 흘려듣다 보면 출퇴근 시간 30분도 알차게 영어로 보낼 수 있습니다. 퇴근 후 가벼운 산책길에는 다시 오디오북을 듣고, 잠자리에 들기 전에는 모르는 단어를 찾아가며 영어 책을 읽습니다. 짧게나마 일기도 영어로 씁니다. 저는 투두리스트를 따로 만들지 않고 캘린더 앱에 해야 할 일을 적어놓는데, 이 역시 영어로 적습니다. 주말에 장을 볼 때 쇼핑 목록도 영어로 씁니다. 그러면 분명 그동안 몰랐던 단어나 표현들이 물고기 낚이듯 쏙쏙 낚입니다. 예를 들면, 김밥 재료를 사면서 "우엉이 영어로 뭐더라? Burdock root!" 하고 의외로 몰랐던 단어나 발음을 정확히 찾아보고 확인하는 것입니다.

어떤가요? 눈 뜨기 시작해 감을 때까지 하루 종일 영어를 하지만, 실제로 책상에 앉아 공부를 한 건 아닙니다. 밥 먹고 일하고 숨 쉬는 모든 순간 내 모든 세포를 영어에 활짝 열어놓고 살았을 뿐입니다. '이건 영어로 뭐지?' 하는 습관적인 사고, '영어 마인드셋' 하나를 덧붙였어요. 물론 여력이 있다면 영어 공부를 한 시간이고 두 시간이고 집중해서 하는 게 효과는 좋습니다. 우리 뇌는 생각보다 멀티태스킹에 능하지 않고 한 가지 일에 집중한다 하더라도 그 집중력 역시 길지 못하죠. 하지만 우리는 시간이 없어요. 그러니 일상을 영어 모드로 바꿔 영어와의 접점을 늘리는 거예요. 이 방법은 3부에서 좀 더 자세히 다루겠습니다.

셋째, 나만의 영어 교재 만들기

정말 궁금하고 필요한 것이 아니면 우리 관심사는 쉽게 식습니다. 영어를 시작할 때의 그 열정을 오랫동안 이어나가기 위해 제가 고안한 방법 중 하나는, 바로 자기만의 영어 교재를 만드는 것입니다. 아침부터 저녁까지 모든 일상에 영어를 한 스푼씩 보태다 보면, 모르는 단어와 표현들을 캡처하고 메모한 것들이 잔뜩 쌓였을 것입니다. 자, 이제 딱 30분만 공부하는 거예요. 학원에 갈 필요도 없고 비싼 교재 살 필요도 없습니다. 편하게 집이나 카페 책상에 앉아 오늘 하루 일상에서 건져낸 영어 표현들을 자기만의 단어장에 정리하면, 그게 바로 자기 교재이고 학원입니다.

오늘 알게 된 단어나 표현이 아무리 많아도 정리하는 데에는 30분이 채 걸리지 않습니다. 이 표현들을 가지고 예시 문장을 찾아보는 거예요. 본인의 상황에서 써먹을 만한 문장을 만들어봅니다. 요즘엔 문장을 만들고 그 문장 문법이 맞는지는 챗GPT와 같은 생성형 AI로 확인할 수 있습니다. 만약 저처럼 일주일에 한두 번씩 영어 튜터링을 받고 있거나 전화 영어 혹은 영어 학습 어플을 사용하고 있다면, 선생님의 도움을 받으면서 그것을 써먹는 연습을 하면 좋습니다. 어떻게 발음하는지, 어떤 상황에서 쓰는 표현인지 그 뉘앙스를 정확하게 이해하고, 반복적으로 대화해보면서 입에 착 붙이는 작업을 하는 겁니다. 그렇게 자신에게 필요한 표현 중심으로 알차게 모아놓은 자기만의 맞춤 교재에 따라 공부를 효과적으로 할 수 있습니다. 온라인 문서 앱인 구글닥스도 좋고, 아니면 워드 파일로라도 교재를 정리해놓으면 필요할 때 검색해볼 수 있어 좋더라고요. 한 번 외우고 써먹는다고 끝나는 게 아니니 기록은 필수입니다.

넷째, 배운 영어 100개 중 10개라도 써먹기

무언가를 계속하기 위해서는 그 효과를 몸으로 느껴야 합니다. 우리가 영어를 하는 이유는 영어를 '써먹기' 위해서입니다. 아무리 효과 좋기로 유명한 교재나 유튜브 채널로 공부하고 노트에 써놓는다고 해도 실전에서 써보지 않으면 절대 내 것이 되지 않습니다. 영어는 이해하는 게 아니라 외우는 것이고, 써먹는 것입니다. 실전에서 말할 수 있어야 '아, 내가 영어를 하는 효과가 있구나' 신이 나서 더 하게 됩니다.

알고 있는 것과 실전에서 말할 때 바로 머릿속에 떠올려 입 밖으로 꺼내는 것은 차원이 다른 이야기입니다. 100개의 새로운 표현이나 단어를 외웠다면, 실전 상황에서 써먹을 수 있는 것은 아마 10개도 되지 않을 겁니다. 영어는 벼락치기 공부를 한 뒤 시험 한 번 보고 까먹는 그런 시험 과목이 아니죠. 평생 써야 합니다. 의식적으로 반복하고 반복해서 언제 어디서든 자동으로 툭 튀어나올 정도로 입에 착 붙여야 합니다. 그렇게 해야지만 100개 중 10개라도 건질 수 있습니다.

예를 들면 'right off the bat(바로)'이라는 표현이 있습니다. 이런 표현을 알게 되면 뜻을 외우는 동시에 내가 써먹을 수 있는 예문을 서너 개 만들어봅니다.

Right off the bat, I knew I would love that book as soon as I read the first page.(첫 페이지를 읽자마자 바로 그 책을 좋아할 줄 알았다니까.)
We need to address this customer complaint right off the bat to prevent any further damage to our reputation.
(고객 불만에 즉각 대응해 우리 회사 평판에 더 큰 피해가 가지 않도록 해야 합니다.)

그런 다음 그 문장을 외운 날이나 그 주간에 이런 문장을 응용해서 써봅니다. 영어는 정말 백 번 외워야 한 번 입 밖으로 나올까 말까예요. 실제 상황에서 열 번 이상은 써먹어야 내 것이 됩니다. 실수를 두려워하지 말고, 딱 다섯 번만이라도 반복해서 써보세요. 그 표현은 결국 자기 것이 됩니다! 물론 그렇게 해도 6개월이 지나면 가물거립니다. 그럴 때는 노트해놓은 것을 검색해서 다시 외웁니다. 그러면 다음번에는 더 확실히 기억하고 더 잘 써먹을 수 있게 되죠.

다섯째, 영어 불씨 함께 지키기

영어 습관 만들기의 마지막 단계는 바로 '함께 영어하기'입니다. 공부는 같이해야 오래 할 수 있어요. 공부는 내가 하지만, 동기부여에 있어 타인의 시선을 영리하게 이용하면 매우 큰 도움이 됩니다. 저도 튜터나 회사 동료, 절친 4인방이 제 영어 습관 형성에 매우 큰 도움이 되었습니다. 꼭 모여서 공부하라는 의미가 아니에요. 우리에게는 온라인 동지들이 있죠. 영어 공부를 위한 단체 톡방에 들어가서 매일 출석하고 공부 인증을 하는 방법도 있고, SNS를 통해 자신이 하고 있는 공부 방식을 공유하거나 느슨한 연대로 인증 릴레이를 할 수도 있습니다. 단기간으로 하는 챌린지도 큰 도움이 됩니다.

함께 공부하는 것의 장점은 나만의 '버블' 속에 머물지 않을 수 있다는 점입니다. 혼자 공부하다 보면 내가 편식하는 내용만 알게 되거든요. 다른 사람들이 내가 전혀 생각지도 못했던 표현이나 단어를 불쑥불쑥 던져주면, '아, 이런 것도 있었지' 하고 서로 도움을 주고받을 수 있어요.

어떤가요? 이렇게 습관처럼 영어로 생각하고 영어로 말하고 영어로 생활하다 보면 우리 일상이 영어로 꽉꽉 채워지는 느낌을 받을 겁니다. 공부해야 한다는 부담 없이 밥 먹듯이 습관처럼 영어를 했습니다. 우리의 1분 1초는 소중하니까요. 지치지 말고 우리의 일상을 영어라는 파도에 맡긴 채 즐겨봅시다.

영어라는 망망대해에서
우리에게 필요한 것

'영어 하는 사람'이라는 정체성

영어 원어민이나 영어를 구사하는 사람을 대상으로 한 미국 대외 업무 연구소의 실험에 따르면, 한국어나 중국어를 배우는 데 약 88주, 시간으로 치면 2,200시간이 필요하다고 합니다. 어원이 비슷한 스페인어나 이탈리아어가 23주에서 24주 정도의 학습 시간이 소요되는 것에 비하면, 한국어는 배우는 데 네 배의 시간이 필요하다고 해요. 이 연구 수치에서 유추해보면, 한국어를 쓰는 우리가 언어적 유사성이 적은 영어를 배울 때에도 비슷하게 2,200시간의 학습 시간이 필요하다고 생각할 수 있습니다. 여기서 2,200시간은 적극적인 집중 학습 시간을 말하죠.

우리가 생업을 포기하고 영어만 공부할 수는 없고, 책상에 앉아 영어 공부하는 시간을 확보하기도 쉽지 않습니다. 저는 직장인이 하루에 집중해서 공부할 수 있는 시간이 30분에서 최대 2시간에 불과하다고 봐요. 여섯 시에 퇴근해서 집에 돌아와 씻고 밥 먹으면 적어도 9시, 만약 자녀가 있다면 아이들을 챙기고 나면 잘 시간도 부족한 게 직장인의 생활입니다. 만약 하루 1시간씩 주말도 쉬지 않고 공부한다고 하면, 우리가 언어 학습에 익숙해지는 데는 약 6년의 시간이 걸린다고 볼 수 있겠네요. 영어 공부 시간을 확보하는 것은 어쩌면 영어 공부의 성패를 가르는 일입니다. 아무리 굳은 결심을 해도 회사 일이 바쁘면 제일 먼저 포기하는 건 영어 공부니까요. 눈코 뜰 새 없이 업무로 바쁘고 야근이 몰아치는 와중에 영어 공부할 한 시간 만들기가 너무도 어렵기 때문입니다

제가 직장생활을 하며 가장 목맸던 건 바로 매일 영어 '하는' 시간 확보하기였습니다. 저의 정체성을 '영어 하는 사람'이라고 여겼기 때문입니다. 구글러 로이스라는 정체성만큼 영어 하는 나라는 정체성은 저에게 매우 중요했습니다. 사전에서는 정체성을 '변하지 아니하는 존재의 본질을 깨닫는 성질'이라고 말합니다. '영어 하는 나'라는 정체성을 가진 사람

에게 영어는 무슨 일이 있어도 변함없이 해야 하는 것입니다. 그런 사람은 좀 피곤하다고 해서 오늘 영어 공부를 할지 말지 고민할 필요도 없고, 새해에 새삼스럽게 영어 공부를 하겠다고 힘들여 결심할 필요도 없는 거죠.

직장인으로 살면서 하고 싶은 걸 다 하며 살 수는 없죠. 성과도 중요하고 업무의 퀄리티도 중요합니다. 그러니 바쁜 업무 때문에 하고 싶은 걸 놓치지 않으려면 업무 외 시간을 반드시 확보하고 지켜야 합니다. 저에게는 영어 공부가 제일 절실했기에 업무가 아무리 쌓여 있고 야근이 예정되어 있어도 정해진 시간에는 튜터 선생님을 만나러 나갔어요. 근육 운동을 일주일 쉬면 그다음 일주일은 운동하기가 더 싫어지듯이 영어도 한두 번씩 빼먹기 시작하면 다시는 공부하기 싫어질까 봐서요. 일주일에 몇 시간, 영어 공부하기로 한 날은 기를 쓰고 지키려고 했습니다. 영어 튜터 선생님과의 약속만큼은 어기지 않는 것이 제일 중요했습니다.

다른 회사도 그렇겠지만 구글은 캘린더를 공유합니다. 미팅이 필요하면, 상대가 제 캘린더에 일정을 잡아놓고 제가 수락하기를 기다리죠. 어떤 날은 제 일정이 유독 빽빽해서 미팅을 잡기 어려울 때도 있는데, 그럴 때 종종 사람들은 캘린더에 이미 적혀 있는 제 'English Class'를 침범하곤 했습니다. 영어 수업은 지금 당장 업무에 관련된 것이 아니니 회사 일을 위해 언제든지 양보하고 포기해도 되는 시간으로 생각했던 것이지요. 저는 평소 그렇게 화를 내지 않는데, 그럴 땐 좀 화가 났습니다. 나에게 미리 양해를 구하지 않고 영어 공부 시간을 침범해 일정을 잡으면 두 번 생각하지 않고 거절했어요. 그리고 영어 공부 시간과 겹쳐서 미팅이 어렵다고 메모를 남겼지요. 영어 공부는 당장의 회사 업무만큼이나 나에게 중요하고 절실하는 걸 인식하게 하고 싶어서요. 그리 하는 게 미안하지는 않았느냐고요? 천만에요. 영어가 정말 절실하다면 확보한 시간은 무조건 지켜야 하니까요.

그런데 누구나 다 저처럼 영어 공부를 위해 몇 시간씩 확보할 수 있는 것은 아닙니다. 그렇다면 티끌 모아 태산 만드는 일을 영어로 하면 됩니다. 3분, 5분, 10분, 15분씩 일상 속 영어 습관들을 모으면 하루 한 시간을 만들 수 있어요. 그렇게 하면 한 시간씩 일부러 시간을 내지 않고도 틈틈이 일상에서 영어를 할 수 있습니다. 일상에 영어를 녹여 넣는 사고 방식, 즉 영어 마인드셋을 장착하는 것이죠. 우리가 눈 뜨고 있는 약 16시간 동안 일상에서 틈틈이 영어로 사고하고 영어를 생각하고 영어를 사용하는 습관을 들이면, 다시 말해 영어 하는 사람이라는 정체성으로 거듭나면, 하루에 겨우 몇십 분 쥐어짜서 영어 학원에 가서 공부하는 것보다 훨씬 더 빠르게 영어를 입에 착 붙일 수 있습니다.

이런 말이 있습니다. "챔피언은 링 위에서 만들어지는 것이 아니라 매일의 루틴에서 만들어진다. 링에서는 단지 인정받을 뿐이다." 루틴이야말로 챔피언이라는 정체성을 탄생시키는 위력이 있습니다. 생각해보면 정체성이란 우리가 어떤 재능을 타고난 사람이냐에 달린 것이 아니라 우리가 하루에 무얼 하는가에 달려 있는 것 아닐까요? 무슨 일을 하는 사람, 무슨 운동을 하는 사람, 그리고 영어 하는 사람처럼요. 이렇게 하루하루 짬짬이 시간을 쪼개가며 무슨 일이 있어도 영어를 하는 사람, 영어를 밥 먹듯이 해서 영어가 몸에 배어 있는 사람의 정체성은 그 자체로 '영어 하는 사람'입니다. 그 정체성이 여러분이 포기하지 않고 영어를 끝까지 하게 만드는 동력이 될 거라고 저는 생각합니다.

원어민 영어라는 지향점을 향해

영어를 다시 시작하겠다고 결심한 10여 년 전 그날, 저는 터무니 없는 목표를 세웠습니다. '나도 꼭 원어민처럼 영어를 하고야 말겠어!' 정말 끝까지 해보겠다는 거죠. 아니, 평생 영어 공부를 하고도 영어를 못해서 자괴감을 느꼈던 사람이 원어민처럼 영어를 하겠다니 정말 터무니없지 않나요? 미국에 4년째 살고 있는 지금도 제 영어는 여전히 원어민의 수준에 이르지 못했습니다. 아니, 아주 한참 남았지요. 하지만 여전히 저의 목표는 원어민처럼 영어를 하는 것입니다. 그래야 그 목표를 향해 영어를 평생 할 수 있기 때문이죠.

사실 이렇게 터무니없이 큰 목표를 우리는 목표라고 부르지 않습니다. 목표가 아니라 삶의 지향이에요. 저 지평선 끝에 놓인 소실점을 향해 기약 없이 걸음을 옮겨야 하는, 목표가 아닌 지향점이요. 저는 늘 목표보다 중요한 건 지향점이라고 말합니다. 오래가는 힘은 목표가 아니라 지향점을 가지는 데서 나오기 때문입니다. 누군가 인생은 '명사'가 아니라 '형용사'에 있다고 했어요. 저는 그 말에 공감합니다. 나는 의사가 될 거야. 나는 부자가 될 거야. 이런 목표는 다 명사죠. 하지만 스스로 입시나 취업에 성공하든 성공하지 않든, 나는 '사회적으로 존경받고 세상에 기여하는' 사람이 되겠다고 하면 인생의 아주 머나먼 지향점을 가지게 되는 겁니다. 그 지향점을 향해 가다 보면 꼭 의사나 부자가 되지 못하더라도 세상에 기여하는 수많은 방법을 만나고 개발하게 되겠죠. 망망대해 같은 인생에서 자기만의 나침반이 있다면 아무리 태풍이 몰아쳐도 자신만의 항로를 되찾을 수 있습니다. 잠시 방황했어도 우리는 다시 가려던 방향을 찾아가면 됩니다.

영어 공부라고 다를 바가 없습니다. 토익 만점이라는 목표를 설정하고 이를 이뤘다고 해보세요. 그러고 난 뒤 3개월 영어 공부를 게을리하면 영어 실력은 시험 보기 전보다 못한 상태로 되돌아가 있을 게 뻔합니다. 하지만 '원어민만큼 영어를 능숙하게 하는 사람이 되겠다'라는 지향점이 있다면, 영어 시험에 실패하고 외국인과의 대화에서 꿀 먹은 벙어리가 되더라도 다시 도전할 수 있습니다. 안 되면 어때요. 그 방향이 틀리지 않았다면 계속 가는 겁니다.

지금 말 한마디 제대로 못하는데 무슨 원어민 타령이냐고요? '원어민처럼 영어를 하겠다'라는 지향점은 너무 멀게 느껴져서 막연하게 느껴질 수도 있겠지만 그 안에 촘촘하게 실현 가능한 작은 목표들을 좌표처럼 세워두면 우리 영어는 길을 잃지 않을 수 있습니다. 일상 속에서 점진적으로 지향점을 향해 갈 수 있도록이요. 예를 들면 '나는 매일 명문장 하나씩을 외우겠다' '나는 일주일에 한 번은 영어 일기를 쓰겠다'에서 시작해서 '나는 서브웨이에서 샌드위치를 주문할 때 내가 원하는 조합을 막힘없이 영어로 말하고 싶다' '외국 여행을 할 때 공항이나 호텔, 식당에서 쓰는 기본 회화를 마스터하겠다' '10분짜리 영어 발표를 하겠다' 같은 아주 구체적이고 실현 가능한 목표 말이죠. 여러 명이 함께 100일, 200일, 300일 단위로 챌린지를 하는 것도 좋은 방법이에요. 비교적 가까운 미래의 목표는 공부에 박차를 가할 동기부여도 됩니다. 이처럼 실행 가능한 티끌 같은 도전들을 매일 하다 보면 그게 모여서 태산을 만듭니다.

원어민과 같은 타이밍에 웃겠다는 꿈

최근 제게 또 하나의 지향점이 생겼어요. '원어민처럼 영어를 하고 싶다'에서 좀 더 구체화된 건데요, 미국의 코미디쇼를 자막 없이 보면서 다른 사람들이 웃을 때 같이 '와하하' 웃고 싶다는 꿈입니다. 최근 라스베이거스에 갈 일이 생겨서 난생처음 스탠드업 코미디쇼를 보러 갔어요. 전에는 알아듣지도 못하고 꿔다 놓은 보릿자루처럼 앉아 있다가만 올 것 같아서 갈 생각조차 안 했었어요. 돈도 아깝고요. 그런데 한번 가보고 싶더라고요.

미국에 와서 영어에 몰입한 채 3년을 보냈고 오디오북은 200권 이상 뗐으니 이제 코미디도 한번 들어봐야겠다! 결과는 어땠을까요? 코미디쇼의 대사 20%는 완전 이해하고 속 시원하게 웃을 수 있었습니다. 코미디를 이해한다는 건 언어만의 문제는 아니지요. 언어를 습득하면서 그 바탕의 문화를 자연스럽게 알아가고 있지만, 자막이 있어도 영어 원어민과 같은 타이밍에 즉각적으로 웃는 건 어려워요. 언어유희

나 시사적인 농담, 그리고 한때 유행하는 '슬랭' 등을 이해하지 못하면 웃음 포인트를 이해할 수가 없으니까요. 어쩌다 의미를 알아도 그 맛, 섬세한 감정이나 톤을 받아들이기도 쉽지 않고요.

지금까지는 진지하고 정교한 영어, 수준 높은 비즈니스 영어를 지향해왔다면 앞으로는 '함께 웃을 수 있는 영어'로 폭을 넓히는 것이 제 꿈입니다. 그 이후에도 유튜브에서 스탠드업 코미디를 간혹 보는데 들으면 들을수록 이해할 수 있는 부분이 많아지더군요. 들으면서 가끔은 푸하하 웃을 수 있게 되었습니다. 언어를 배우는 이유가 뭐 별거 있나요? 함께하는 사람들과 즐거운 대화를 나누며 유쾌하게 웃을 수 있는 것. 그게 언어 배우기의 본질 아닐까 생각합니다.

매일 실수하지만
결코 실패하지 않는다

반복되는 실수에서 배우는 것

앞에서 배운 영어는 무조건 써먹어야 한다고 했죠. 그런데 그러자면 실수가 두렵습니다. 처음에 미국에 와서 영어를 할 때 가장 힘들었던 것도 실수하지 말아야 한다는 부담감이 었습니다. 이메일이나 보고서 작성은 물론이고 팀 단위 그룹 채팅방에 올리는 말 하나하나에 신경이 곤두섰으니까요. 내가 하는 말이 문법이 맞을까? 시제는 틀리지 않았을까? 관사는 맞게 쓴 걸까? 문법, 철자는 그나마 쉽게 체크할 수 있다 해도, 내가 쓰고 싶은 표현이 의미는 물론 뉘앙스까지 잘 담고 있는지 늘 답답했죠.

　배운 영어를 써먹을 때 가장 신경 쓰이는 건 내가 이 표현을 적절한 상황에 적확하게 쓰고 있는가입니다. 저도 처음에는 100% 안다는 자신이 없으면 어려운 관용적 표현이나 고급 용어를 아예 쓰지 않으려고 했습니다. 우스꽝스러워 보일까 봐 걱정이 되어서요. 그런데 그게 아니더라고요.

　영어권 친구들의 말에 따르면, 미국에는 워낙 다양한 인종과 문화권의 사람들, 서로 다른 억양을 쓰는 사람들이 한데 모여 있다 보니, 누군가 어려운 표현을 틀리게 말하더라도 억지스럽거나 우스꽝스럽게 받아들이지 않는다는 겁니다. 그 말에 용기를 얻은 저는 어떤 표현이든 습득하는 순간 바로바로 써먹으려고 노력했습니다.

　그래서 실수를 안 했냐고요? 엄청나게 많이 합니다! 외운다고 외웠는데 틀리게 써먹어서 우스운 상황이 자주 벌어졌습니다. 예를 들어, 회의할 때 "마지막으로, 하지만 똑같이 중요한 사안으로"라고 말할 때 'last but not least'라는 표현을 쓰는데, 제가 "last but the least"라고 잘못 말한 거예요. '마지막으로 그리고 하나도 안 중요한'이라는 뜻이 되어버린 거죠. 물론 상대방은 팥이라고 말해도 콩이라고 알아들었겠지만요. 그런가 하면 "내가 든든한 너의 백이 되어 줄게I've got your back."라고 말해야 하는 순간에 "You've got my back.(네가 나의 든든한 백이 되어줘)"라고 말할 때도 있었죠. 언젠가는 써먹어 보겠다고 열심히 외운 표현들이지만, 막상 쓰려니 헷갈려서 반대로 말한 셈이에요.

한번은 제 미국인 친구에게 "나는 예전에는 굉장히 소극적이어서 남들 앞에 드러내는 것을 좋아하지 않았어I did not like to expose myself."라고 말하며 이야기를 시작했어요. 그랬더니 이 친구가 갑자기 "워~워~워~" 하는 겁니다. 무슨 문제냐고 되물으니 그 친구가 얼굴이 빨개져서는 "그럴 땐 수동태 be exposed를 써야 해"라고 하는 겁니다. "I did not like to be exposed to the public."라고요. 알고 보니 expose myself는 능동태로 쓰면 '성기를 드러내다'라는 의미였던 것입니다. 맙소사!

실수 퍼레이드는 계속 이어집니다. 어느 날은 동료 팀장을 칭찬하기 위해 이런 말을 했습니다. "당신은 팀원들을 참 '인간적으로' 대하는 것 같아요.You are taking care of your team-mate as a human." 혹시 이상한 점 눈치채셨나요? 여기서는 human 대신 person을 써야 합니다. human은 외계인 혹은 동물에 상대되는 존재로서의 인간을 말하기 때문에 이 경우엔 person이 맞습니다. 제가 쓴 내용은 "당신은 팀원들을 외계인이나 동물로 대하지 않아"라는 뜬금없는 의미가 되어버린 겁니다. 제 의도를 알아차린 친구는 "'인간답게'라는 의미지? You mean as a person?"라고 웃으면서 넘어갔지만, 속으론 뜨끔했습니다.

지금도 생각하면 낯 뜨거워지는 실수들입니다. 하지만 그렇게 영어를 써먹는 과정에서 실수했다고 해서 주눅이 들거나 굴하지 않고 다음번에 정정해서 다시 한 번 말해봅니다. 그렇게 실수한 건 절대 까먹지도, 다시 실수하지도 않게 됩니다. 새로운 단어, 새로운 표현, 그리고 잘못 알고 있던 발음은 그냥 익히려고만 하면 머릿속에 오래 남지 않지요. 역설적이게도 실수하는 게 영어를 내 것으로 만드는 지름길이라는 생각이 들 정도입니다. 그러니 영어 써먹는 걸 주저하지 마세요. 실수하면서 다시 배우고 머릿속에 입력하는 겁니다. 실수한 거지 실패한 게 아니니까요.

영어 오디오북 한 권 들어봤니?

제 방의 벽 한 면은 가로 5, 세로 4센티미터 포스트잇으로 빼곡하게 채워져 있습니다. 포스트잇에는 끝까지 다 읽은 책 제목과 작가 이름, 그리고 읽은 날짜를 표시했는데요. 노란색 포스트잇은 오디오북으로 읽은 것, 분홍색 포스트잇은 이북으로 읽은 거예요. 그리고 또 한쪽 벽에는 새롭게 익힌 단어와 유튜브 강의 제목을 적은 포스트잇을 줄 맞춰서 붙여놓았죠. 포스트잇으로 도배된 방 두 면이 겉보기에 조금 지저분해 보이지만 순전히 제 만족을 위한 것입니다. 내가 이만큼 공부를 열심히 하고 있다는 증거를 제 눈에 잘 띄도록 기록해둔 것이지요. 보기만 해도 뿌듯해서 하나씩 붙여나갈 때마다 스스로를 마구 칭찬해줍니다. 한 달 한 달 늘어가는 포스트잇을 세워보는 맛은 정말 끝내줍니다.

우리에게 가장 큰 동기부여는 내가 어제보다 나아지고 있다는 '증거'입니다. 예를 들면 우수한 시험 성적표 같은 것이죠. 그런 동기부여 없이는 그 어떤 즐거운 일도 오래가지 못합니다. 우리가 사진을 찍어두지 않으면 여행에서의 즐거운 추억이나 절대 잊지 말아야 할 소중한 날의 기억도 서서히 잊혀가듯이, '시각화'한 증거가 없으면 열심히 한 성공의 기억들도 금세 휘발됩니다. 그러니 영어 공부하는 티를 증거로 남겨야 합니다. 파닉스를 공부할 때 녹음했던 것도 그 증거를 남기기 위한 장치 중 하나였죠.

제가 주로 성장의 지표로 삼는 또 다른 증거가 바로 '오디오북'입니다. 오디오북은 팟캐스트보다 듣기가 쉽지는 않습니다. 팟캐스트는 주로 초대 손님과 대화를 나누기 때문에 모두 구어체이고, 알아듣기가 쉬운 표현들을 주로 써요. 그에 반해 오디오북은 말 그대로 책입니다. 보통 구어체보다는 수준 높은 문어체의 어휘가 사용되고 정제된 표현과 문장으로 가득하죠.

그래서 이 오디오북은 저에게 엄청난 절망감을 주기도 했습니다. 미국에 온 지 2년 차, 오디오북을 처음 들었던 그날을 저는 잊을 수가 없어요. 과장해서 최악의 하루였으니까요. 듣고 또 듣기를 반복해도 한 문장도 제대로 알아들을 수 없었기 때문입니다. 남녀가 나오는데 이게 부부 관계인지, 부녀 관계인지, 주인과 하인 관계인지 도통 모르겠고, 심지어 이름도 제대로 귀에 들어오지 않았죠. 심지어 성우는 배우 톰 행크스였는데, 연기하듯 읽으니 그저 귓전에서 휘리릭 지나가는 느낌이었습니다. 텍스트를 읽고 들어도 잘 들리지 않고, 듣고 나서도 모르는 단어가 너무 많아서 첫 챕터조차 넘어갈 수가 없었어요. 미국 생활 2년 차인데 아직도 멀었나 싶어 좌절한 나머지 이어폰을 집어 던지고 싶었어요. 조깅을 하던 중이었는데 안 들려도 너무 안 들려서 징글징글한 마음에 주저앉아 엉엉 울고도 싶었습니다.

답답한 마음에 그 책을 오디오북으로 들었다는 영어 원어민 팀 동료에게 물어봤어요. "톰 행크스가 너무 빠르게 읽는 것 같지 않아?" 제 질문에 동료는 "전혀!!"라며 고개를 내젓더군요. 결국 그 첫 두 챕터를 10번씩 반복해서 듣고 나서야 그다음으로 넘어갈 수 있었습니다. 그 이후로도 정말 이해가 안 되어 그만 듣고 싶은 순간이 많았습니다. 그런데 지금 이 책을 놓으면 앞으로 오디오북 자체를 아예 안(혹은 못) 들을 것 같다는 생각이 들더군요. 오기가 생겨서 포기하지 않고 같은 챕터를 듣고 또 듣고 또 들은 끝에 감개무량하게도 책 한 권을 한 달 만에 뗐습니다.

그렇게 힘들여 한 권을 다 읽으면 포스트잇에 읽은 책 제목을 써서 붙였습니다. 한 권을 완독했을 때의 그 기분은 이루 말할 수 없이 뿌듯했습니다. 맨처음 붙인 포스트잇에는 뽀뽀를 하고 싶었고, 살면서 이렇게 기쁜 적이 몇 번이나 있었나 싶을 정도였어요. 만약 첫 날 오디오북 듣기를 실패했다고 포기했다면 이런 기쁨을 누릴 수 있었을까요?

3년, 3000시간, 200권의 성장 기록

첫 다섯 권까지는 한 권을 다 듣는 데 한 달씩 걸렸습니다. 그 이후에는 3주 정도로 짧아졌고요. 그렇게 10번째 포스트잇을 붙일 때쯤이 되니, 조금씩 오디오북 듣기가 수월해지기 시작하더라고요. 스스로 '어? 들린다' 하는 변화를 느낀 겁니다. 한 챕터를 10번 반복해서 들었던 것이 8번으로, 6번으로, 4번으로 줄어들기 시작하더니, 이제는 조금 느린 말투로 읽는 오디오북은 반복 없이 듣게 되었습니다. 최근에는 1.1 배 빠르기로 들을 수 있게 되었어요. 그렇게 읽은 책이 2021 년에는 총 57권, 2022년에는 66권, 그리고 2023년에는 80권. 지금까지 200권을 넘어섰습니다. 포스트잇이 200개가 붙어 있는 거죠. 오디오북 듣기를 3년 하고 나니 듣는 실력이 놀랍도록 향상되었습니다.

사실 오디오북을 일주일에 한 권씩 들으려고 결심한다면, 권당 12~16시간 길이라 하루 두세 시간씩 꼬박 시간을 들여야 해요. 처음 오디오북을 접한다면 짧은 분량의 책부터 읽을 것을 강력히 권합니다. 안 그러면 분량에 압도당할 수 있거든요. 그리고 올해 안에 몇 권을 독파하겠다는 결심은 절대 미리 하지 마세요. 매일 아침 조깅할 때 오디오북을 듣겠다 정도의 계획이면 충분합니다.

오디오북을 들을 때 저는 자막을 켜놓고 듣습니다. 자막을 항상 보라는 건 아니고요, 걷거나 달리면서 듣다 보면 이게 뭐지 하는 단어나 표현이 있습니다. 그때 잠깐 멈춰 서서 10초 전으로 돌린 다음 해당 부분 자막을 스크린샷으로 찍어놓습니다. 그러면 나중에 집에 돌아와 그 부분에 나왔던 표현을 복습하는 데 아주 편리합니다.

영어가 향상되었다는 사실을 확인하기 위해 꼭 어떤 시험에 도전하거나, 외국인들에게 다짜고짜 달려들어 말을 걸면서 자신의 영어 실력을 확인할 필요는 없습니다. 이렇게 자기 공부를 지속하면서 오디오북을 몇 번 만에 완독했는지, 몇 권을 읽었는지, 영어 책에 모르는 단어가 몇 개였는지 등을 기록해놓으면 나중에 자신의 영어 향상 정도를 확인할 수 있습니다. 요즘 많은 이들이 유튜브 채널로 공부를 하는데, 그냥 영상만 보고 넘기지 말고 자기가 본 유튜브 채널 리스트를 만들어보세요. 자기가 뭘 공부했는지, 어떤 부분을 공부해야 하는지 일목요연한 리스트로 보면 훨씬 눈에 잘 들어와요. 그리고 무엇보다 시각적으로 쌓여 있는 리스트를 통해 '아, 내가 이렇게 공부를 많이 했구나!' 하는 성취감을 느낄 수 있습니다. 성취감 없이 다음 도전으로 나아가기란 어려우니까요.

정말 중요한 건, 다 읽은 책이 차곡차곡 쌓여 있는 그 기록입니다! 내가 이렇게 열심히 읽었다! 나 정말 잘했구나! 스스로 마음껏 칭찬해주어야 매일 거듭해서 도전할 수 있게 됩니다. 이 즐겁고 뿌듯한 마음이 더 오래 가도록 말입니다.

영어의 결과를 계량화하기는 어렵지만, 내가 들인 시간과 무엇을 했는지는 계량화할 수 있습니다. 그것들을 꼭 기록해두길 바랍니다. 과정은 꼭 결과로 이어진다는 믿음을 버리지 말고요.

골방 영어에서 벗어나라

CHAPTER
9

로이스, 너 영어에 무슨 짓을 한 거야?

제가 구글 본사에 온 지 3년이 되었을 때, 우리 팀을 담당하는 부사장VP과 함께 산책을 하면서 가볍게 담소를 나누던 중이었어요. 대화를 하다가 갑자기 VP가 제게 이렇게 말했습니다. "로이스, 영어에 무슨 짓을 한 거예요? 영어가 정말 많이 늘었어요!" 갑작스러운 칭찬에 하늘로 날아오를 것만 같이 기뻤지만 애써 웃음을 감추며 물었습니다. "어떤 점을 보고 영어가 늘었다고 생각한 건가요?" 그는 답했습니다. "예전에는 이렇게 나란히 걸으면서 말할 땐 로이스가 무슨 말을 하는지 잘 안들렸어요. 늘 얼굴과 입모양을 보면서 집중해서 들었어야 했는데, 이제는 신경 쓰지 않고도 걸으면서 자연스럽게 대화할 수가 있어요. 로이스 정말 노력 많이 했군요!" 그의 말을 듣고 나니, 그간의 힘겨운 노력이 헛되지 않았다는 생각과 함께 영어 불씨가 활활 되살아나는 걸 느꼈습니다.

늘 느끼지만 한국 사람들은 영어를 말할 기회가 생겨도 한국 사람들이 있는 자리에서는 잘 안 하려고 합니다. 남들 눈이 의식되고 부담스럽기 때문이에요. 영어 좀 한다고 잘난 척한다고 생각하면 어쩌지 하는 부담도 있지만, 무엇보다 부족한 영어 실력을 들킬까 싶은 염려가 더 큽니다. 타인의 시선을 너무 의식하지 마세요. '나는 항상 영어로 말하는 것을 연습하려는 그런 사람이야'라는 정체성을 가지면, 사람들과 함께 혹은 사람들 앞에서 영어를 하는 것에 대한 두려움은 점점 더 잦아듭니다.

저는 어떤 사람을 만나든 이렇게 이야기합니다. "저는 영어 공부를 매우 심각하게 열심히 하고 있어요. 원어민이 아니어서 틀린 영어를 한다면 꼭 지적해주세요. 민망해하지 않으니까요." 커뮤니케이션 담당자로서 틀린 영어를 하지 않도록 주변 사람들에게 도움을 미리 청하는 것이죠. 일한 지 1년도 채 되지 않은 인턴 사원일지라도 허물없이 정정해줍니다. 그리고 매일 나아지는 나의 영어를 가장 먼저 알아차리고 때때로 이런 피드백을 해줍니다. "어? 예전보다 조금 더 능숙해진 것 같아요!" "이제 망설이지 않고 자신있게 말이 튀어나오네요!" "발음이 더 유창해졌어요" "귀에 익숙한 억양이라 알아듣기가 훨씬 수월한 것 같아요."

이메일 쓸 때 이전보다 조금 더 능숙해지고, 미팅 갔을 때 조금 더 말이 잘 나온다면 망설이지 말고 꼭 한 번 물어보세요. 나 영어 많이 늘었냐고요. 타인의 시선을 역으로 이용해 그 평가를 내 자신감의 근거로 삼아 동력을 유지할 수 있다면 그것도 좋은 전략이죠. 정확한 측정 기준은 없어도 "어, 너 많이 는 것 같아!"라는 평가나 칭찬에 자신감을 얻어 계속 해낼 수 있습니다.

함께하는 시스템이 영어 불씨를 지킨다

인생의 그 어떤 목표이든 혼자 이룰 수 있는 건 별로 없다고 생각합니다. 혼자라는 동력은 너무 짧거든요. 혼자서 아무리 큰 결심을 한다고 해도, 그 다짐은 1년을 넘기기 어렵습니다. 결심은 쉬이 지치기 때문입니다. 그렇기에 동지와 '함께하는 시스템'이 필요해요. 영어 공부를 1~2년만 하다 끝낼 게 아니라면 말입니다. 한때는 서너 살 아이들도 당연하게 하는 인사말 "하이!"에 대답도 제대로 못하던 제가 무려 15년 넘게 영어를 지속적으로 공부하며 실리콘밸리에서 일할 수 있었던 비결은 바로 '영어를 같이하는 사람들'이었습니다. 1일 1영어 표현을 교환하는 카톡방 친구들, 밴드방 친구들, 회사에서 영어 튜터링을 같이한 동료들, 명언 외우기 100일 챌린지에 도전한 페이스북 친구들, 구글에 있으면서 만난 동시통역사까지…… 이들과는 영어 연습을 함께하며 인생을 나눴습니다.

함께하는 시스템만이 멀고 먼 영어 공부의 길에 쉽게 포기하지 않도록 도울 수 있습니다. 하루에도 몇 번씩 기분이 오르락내리락하듯이 영어에 대한 열정에도 기복이 있어요. 아무리 지금 영어 공부에 불이 붙었어도 그 불씨는 꺼지기도 쉽습니다. 하지만 여럿이 같이 공부한다면, 한 사람이 불 붙었을 때 그 불씨를 열정의 불씨가 꺼져가는 사람에게 나눠줄 수 있어요. 서로 불씨를 나누는 거죠. 영어 불씨를 함께 지키는 겁니다.

함께하는 시스템은 길고 긴 영어 인생에서 포기하지 않고 갈 수 있는 동력이 될 뿐만 아니라, 내가 원하는 영어 수준의 지향점을 찾게 도와줍니다. 롤모델이 있는 직장과 없는 직장 생활은 하늘과 땅 차이인 걸 여러분도 아실 거예요. '아, 내가 일을 열심히 하면 저 상사처럼 될 수 있겠구나'라는 생각을 하면 힘든 일도 조금 참고 버틸 수 있게 되죠. 영어도 마찬가지입니다. 저에게 파닉스부터 가르쳐주셨던 김태윤 선생님과는 10년 정도 수업을 이어갔는데, 유학 한 번 간 적 없이도 원어민처럼 영어를 하는 그분은 제게 롤모델이었습니다. (『1분 영어 회화』의 저자이기도 합니다.) 저 역시 혀가 굳어버린 마흔 살에 영어를 시작했지만, 노력하면 언젠가 선생님처럼 될 수 있지 않을까 하는 희망을 가졌습니다. 선생님이 제 실력이 얼마나 나아졌는지 칭찬하고 응원해주지 않았다면 영어 공부는 두 달 만에 포기했을지도 모릅니다. 내 영어 인생의 동반자와도 같았던 김태윤 선생님은 제가 4년 전 미국 본사로 옮기고 나서도 까다로운 영어 표현을 만날 때마다 이메일로 물어보며 자주 연락하며 지냈는데, 안타깝게도 3년 전에 돌아가셨습니다. 한국에 갈 때마다 저는 서점에 들러 선생님이 쓰신 영어 책을 만지작거리면서 옛일을 떠올립니다. 내가 영어와 사랑에 빠질 수 있도록 도와주고, 그 사랑이 지금껏 뜨겁게 지속될 수 있도록 해주신 선생님께 늘 감사하는 마음입니다.

영어를 계속하고 싶다면, 혼자 해내려고 애쓰지 말고 사람들을 만나세요. 혼자 단어장 만들고 혼자 예문 만들고 혼자 듣기 공부하고, 이렇게 홀로 영어 공부를 하는 건 지속 가능하지도 않고 실용적이지도 않습니다. 현지에 가서 영어 속에 빠져서 살 수 있는 환경이 아니라면 함께 공부하는 시스템을 적극 활용하세요. 영어를 함께하는 것의 또 다른 장점은 배운 것을 그 자리에서 써먹을 수 있도록 연습 상대가 되어준다는 점입니다. 우리 미국에 사는 거 아니잖아요. 영어는 계속 써먹어야 느는데 한국 땅에서 영어 말할 기회가 몇 번이나 있겠어요. 같이 영어 말하기를 할 수 있는 파트너가 한 명이라도 있다면 반드시 도움이 됩니다.

SNS 챌린지에 도전해보자

함께 영어를 한다는 의미는 영어 연습을 매번 모여서 같이 공부하라는 의미는 아닙니다. 정기적으로 모여서 영어 튜터링을 하거나 학원에 가서 하는 방법 외에도 SNS에서 영어에 관련된 챌린지를 할 수도 있고, 단톡방에서 오늘 공부한 내용이나 공부한 시간을 공유하는 방식도 괜찮습니다. 아니면 영어 공부하는 걸 주변 사람들에게 많이 알리는 것만으로도 충분합니다.

얼마 전에 저는 페이스북에서 몇 명의 친구들과 함께 1일 1문단 외우기 챌린지를 했어요. 어느 날 한 서점에 들렀다가 『1일 1영어 명문장 암송』이라는 책을 보게 됐는데, 위인이나 유명인들의 명언 명구를 하루 한 문장씩 외우게끔 만든 책이었죠. 이 좋은 걸 나 혼자 하지 말고 여럿이 하자 싶어서 한 문장씩 페이스북에 올리기 시작했습니다. "100일 한 문단 외우기 릴레이 합니다. 한 문장씩 올릴 테니 함께 외워봐요. 그리고 각자 외운 문장을 댓글로 달아주세요." 지인들이 한두 명씩 하겠다고 댓글을 달기 시작해서 스무 명 정도 '페친'들과 함께했지요.

기억력이 더 나빠지기 전에 굳어버린 암기력을 한번 작동시켜봅시다. 영어 문장을 외우는 것도 좋지만, 기왕이면 영어로 된 명문장을 필사하면서 암송해보는 거예요. 예를 들면 이런 문장이 있습니다.

Brick walls are there for a reason. The brick walls aren't there to keep us out. The brick walls are there to show us how badly we want things.(장벽에는 다 이유가 있다. 장벽이 거기 있는 것은 우리를 가로막기 위해 있는 게 아니다. 우리가 얼마나 간절히 원하는지 우리에게 보여주기 위해서다.)
-랜디 포시Randy Pauch, 『마지막 강의』

이런 명문들은 글이 주는 힘이 있습니다. 용기도 주고, 위로도 주고, 격려도 해줍니다. 이제 이 문장을 열 번 읽어봅니다. 소리 내어 읽습니다. 필요하면 단어도 찾아보고 강세 등도 신경 씁니다. 그런 다음 종이에 펜으로 문장을 여러 번 써봐요. 암기의 정확성을 높이기 위해서요. 관사는 정관사가 붙는지 단수형인지 복수형인지 등도 확인하면서요. 읽을 때는 후루룩 지나갈 수가 있으니까요. 그런 다음 암송해보세요. 이미 80%는 외워졌을 겁니다. 이제 10분 정도 정말 심각하게 몰입해서 외웁니다. 내가 언제 이렇게 집중을 해봤나 싶을 정도로 초집중하게 됩니다. 입에 붙어서 자연스럽게 문장을 말할 수 있을 정도가 되면 비로소 완전히 암기한 겁니다.(물론 자고 일어나면 가물거리더라도요.)

그러고 나서 SNS나 영어를 같이 공부하는 단톡방에 타이핑을 해서 올립니다. 그러면 한 번 더 외운 것을 확인할 수 있거든요. 명문장을 암송하는 데에는 일거삼득의 효과가 있습니다. 일단 문장에 담긴 뜻에서 격려와 위로를 받아요. 영미권 사람들에게 잘 알려져 있는 영어 명문장을 통해 그들의 사고방식과 문화적인 맥락을 간접적으로 경험해볼 수 있고, 또 다양한 비유나 촌철살인의 문장 등을 익히다 보면 영어 표현력의 폭이 확 넓어집니다. 아, 이런 단어와 표현이 이런 뉘앙스로 쓰이는구나, 문법은 이렇게 쓰는구나 등을 자연스레 익힐 수 있습니다.

위에서 예로 든 문장 속 'for a reason'이라는 표현은 많이 사용되는데요, 예를 들면 "나는 왠지 모르게 (무슨 이유에서인지) 그게 싫어"라는 말을 할 때 "I don't like it for some reason."이라고 말해요. "에이, 괜히 기다렸네I waited for no reason."라고 할 때 쓰기도 합니다. 이렇게 명문장 외우기를 하면서 관용어 패턴을 한 번 외워두면 다양하게 응용할 수 있습니다. 우리가 평소 말하거나 글을 쓸 때 적절한 속담이나 사자성어, 역사 속 위인의 사례나 명언을 활용하면 좀 더 설득력 있게 말할 수 있는 것처럼, 영어 명문장도 적절히 인용하면 좀 더 효과적으로 의사를 전달할 수 있게 됩니다.

암송을 하면서 초집중하다 보니 명상 효과도 있었습니다. '명문장'은 후세의 사람들이 공감하고 인생에 도움이 되는 통찰이 담긴 문장이겠죠. 하루 10분, 인생에 대한 깊은 지혜와 성찰을 오롯이 담아낸 좋은 문장을 읽고 외우고 그 뜻을 되새겨보는 것이 명상 아니면 뭐겠어요. 약해진 기억력에 기름칠도 해보고, 그런 김에 명상도 하고 좋은 문장을 공유하면서 함께 영어 실력 키우기. 어떤가요? 따라해볼 만하지 않은가요? 혼자 하지 말고 친구들과 그룹을 만들어서 꼭 같이해보세요! 그래야 10일밖에 못할 영어를 100일, 1,000일 할 수 있습니다.

PART 3

영어를 숨 쉬듯 밥 먹듯 써먹습니다

If you have good habits,
time becomes your ally.
All you need is patience.

좋은 습관을 가지면 시간은 당신 편이 된다.
여러분에게 필요한 것은 인내심뿐이다.

−제임스 클리어, 『아주 작은 습관의 힘』

영어를 숨 쉬듯
'써먹는' 영어 마인드셋

한국에서 어떻게 영어를 써먹을까?

앞서 우리는 영어 하는 사람이라는 정체성을 가지고 매일 틈틈이 5분, 10분씩 영어 하는 시간을 확보하면서 지치지 않고 끝까지 영어를 할 수 있는 방법에 대해 이야기했습니다. 바로 평생 가는 영어 습관을 만드는 것이죠. 바쁜 일상에 지지 않고, 실수해도 실패해도 영어를 습관처럼 계속하는 것만이 영어를 향상시키는 가장 빠른 길이라고도 말했습니다. 그런데 가장 큰 문제는 바로 영어를 써먹는 것입니다. 그것도 한국에서 말이죠.

한국에 사는 사람이 어떻게 일상 속에서 영어로 생각하고 영어를 쓸 수 있다는 거지? 그게 가능할까요? 영어권 국가로 어학연수를 가지 않고서야 한국에서 누구에게 영어를 써먹는다는 말입니까? 우리가 24시간 영어를 할 수 없는 환경에 있는데 영어를 잘하기를 바란다면, 그만큼 영어를 써먹으려고 의식적으로 더 노력해야 합니다. 하루에 영어를 한마디도 입에 올리지 않는데 영어를 잘할 수 있다고 생각하는 건 마치 오늘은 빈털터리지만 내일은 로또에 당첨되어 10억짜리 아파트를 사겠다고 생각하는 것과 마찬가지죠.

먼저 짚어둬야 할 것은 어학연수를 가거나 외국에 오랫동안 체류한 사람도 하루 종일 영어로 사고하려고 노력하지 않으면 영어가 늘지 않아요. 외국에서 박사 학위를 딴 사람들 중에서 말하기를 잘 못하는 사람이 생각보다 많습니다. 의식적으로 우리의 삶에 영어를 끌어들이려는 노력을 하지 않으면 미국에서 30년을 살아도 늘 아는 영어, 똑같은 표현만 하게 됩니다.

제가 혼자 있든 외국인들과 함께 있든 숨 쉬듯 하는 일이 있습니다. 영어 속에 푹 젖어들어서 일부러 의도하지 않아도 영어로 생각하고 말할 수 있게 만드는 저만의 방법입니다. 꼭 해외여행을 가거나 어학연수를 가지 않아도 자신의 환경을 영어 모드로 바꾸는 마인드셋이죠. 바로 '영어 속에서 살기

immerse yourself in English'입니다. 우리가 어떤 연예인을 좋아하거나 새로운 취미를 시작하게 되면 뭘 봐도 그것만 생각하게 되는 경험 해본 적 있을 거예요. 쉽게 말해 오늘부터 내 일상은 영어를 위해 존재한다고 생각하는 거죠. 뭘 봐도 뭘 해도 영어를 생각하면서 영어에 푹 젖어서 살아보는 거예요. 그게 어떻게 가능하냐고요? 분명 가능합니다.

어릴 적 엄마가 밥 먹고 나면 이를 닦아야 한다고 하시면서 억지로 칫솔을 손에 쥐어줬을 거예요. 그렇게 수십 년 이를 반복해서 닦다 보니 이제는 밥을 먹고 나서 습관적으로 이를 닦지 않으면 불편하고 찝찝합니다. 이처럼 영어도 지금 당장은 어렵고 어색하지만 일상을 영어로 사고하는 것 역시 반복해서 습관으로 만드는 겁니다.

사물을 보고 한국말을 떠올린 다음 영어로 번역해서 말하던 기존의 습관적 사고 대신에, 영어로 생각하고 영어로 말하는 것을 새로운 습관으로 가져보는 거예요. '영어 마인드셋'을 탑재하는 거죠. 그러려면 습관을 바꾸기 위한 집중적인 몰입의 기간이 필요합니다. 영어를 강제하는 자기만의 시스템이 안착할 때까지 불편하고 고통스러운 시간이 약 3주 정도 필요해요. 그 3주 동안 틈나는 대로 일상 속에서 새로운 영어 단어와 표현을 익히고, 어떤 말을 영어로 하면 좋을지 일상 속에서 계속 떠올려보는 겁니다. 하루 30분이라도 한국말에서 영어로 번역하는 게 아니라, 영어로 생각하고 말하는 훈련을 하면서 우리 삶 자체를 영어에 계속 열어둘 수 있습니다.

그렇게 하루의 일부분을 영어화하는 마인드셋을 유지하면 자연스럽게 영어를 하는 시간이 빠른 속도로 쌓이게 됩니다. 일상에 영어 마인드셋을 새기는 방법을 영어 수준에 따라 다섯 단계로 나눠 소개하겠습니다.

1단계, 내 주변의 사물 영어로 말해보기

지금 여러분의 주변에 보이는 모든 사물을 영어로 말해보세요. 책상 위랄지, 부엌이나 화장실, 화장대 위 혹은 집이 아니면 도서관이나 사무실 등 지금 있는 곳에서 눈에 들어오는 사물이 있을 겁니다. 눈에 보이는 모든 것을 다 영어로 말해보시겠어요? 아마 이런 자잘한 사물들을 영어로 말하라고 하면 입이 잘 안 떨어질 겁니다. "정말 이런 걸 몰랐단 말야?" 하는 단어들 말이죠. 예를 들면, 제 화장대에 있는 쪽집게 tweezers, 치간 칫솔interdental brush, 부엌에 있는 국자ladle, 행주dishcloth, 식탁 위에 있는 영양제nutritional supplement, 요일별로 약을 담아놓는 약통pill box, 귀에 쏙 들어가는 이어폰ear buds 등등. 이런 단어들은 매일 쓰는데도 입에서 바로 나오기 쉽지 않습니다.

그렇게 맨날 보고 사용하는 것을 어떻게 영어로 말하는지 찾아보고 메모해두세요. 철자만 확인하지 말고 발음 꼭 확인하시고요. 저는 이런 사물에 대한 영어 단어나 표현을 볼 때 사전 검색도 하지만 아마존 웹사이트를 활용합니다. 아마존에서 해당 제품을 찾아 제품 패키지에 어떻게 적혀 있는지 보는 것도 재밌고, 실제로 어떻게 사용되는지도 볼 수 있거든요. 언제 어디서든 영어를 하겠다고 의식만 하면 눈에 들어오는 모든 것을 영어로 바꿀 수가 있습니다. 그렇게 스스로 찾아본 단어는 교재에서 보고 억지로 외우는 단어와 달리 오래도록 기억에 남습니다. 어휘력 키우기를 일상 속에서 습관화하는 것이죠.

이런 습관은 자연스레 주변의 모든 대상을 영어로 사고하게 되는 효과가 있습니다. 예를 들어 마트에 갈 때 쇼핑 리스트를 적잖아요? 그럴 때 영어로 적는 거예요. 수세미sponge는 뭐더라? 석류pomergranate는 뭐라고 하지? 파green onion, 피망bell pepper, 가지eggplant, 우엉burdock…… 모르는 단어는 사전을 찾아봅니다. 이미 알고 있는 단어라도 발음을 살못 알고 있는 경우도 있어요. 예를 들면, 아스파라거스asparagus는 '어스패러거스[əˈspærəgəs]'라고 둘째 음절에 강세가 오는 반면, 오이cucumber는 첫 음절에 강세가 옵니다. '큐컴버

[ˈkjuːkʌmbər]'. 잘 알고 있는 단어라도 외래어 표기법과 발음 차이가 큰 경우가 많으니 발음 검색을 해보거나 원어민 발음을 꼭 확인해서 따라해봅니다.

앞에서 내 영어를 해야 한다고 말했죠. 난이도 높은 어휘를 아무리 많이 외웠다고 하더라도 내 일상을 설명하는 단어들, 나로부터 시작하는 영어를 모르면 실전 말하기가 향상되기 어렵습니다. 입력된 적이 없는데, 출력이 될 리가 없죠. 미국 생활을 하면서 절실히 느낀 것은 일상을 표현하려고 할 때가 늘 참 힘들다는 것이었어요. 그렇게 단어 암기를 많이 했는데 내 상태 하나 표현하지 못하다니 멘붕이 오는 것이죠.

예를 들면, 미국 친구들을 집에 초대해서 요리를 같이 할 기회가 있었어요. 신나게 요리하다가 친구에게 "저기, 국자 Ladle 좀 건네줄래?"라고 묻고 싶은데, 갑자기 단어가 생각이 나지 않습니다. 갈비를 구우면서는 "이 집게tongs를 사용해"라고 하고 싶은데, 집게가 영어로 떠오르지 않아 입이 안 떨어져요. 그럴 때 아직 멀었다는 생각이 들곤 해요. 영어를 잘하고 싶다면 우리 일상생활부터 모두 '영어화'하면서 내 영어를 찾는 과정이 필요하다는 생각을 다시 한 번 절감하게 됩니다.

또 한번은 흰 머리카락 하나를 발견해서 아이에게 뽑아달라고 하고 싶었어요. 그런데 머리카락을 통칭하는 hair는 알겠는데, 머리카락 한 올은 어떻게 말하는지 모르겠더군요. 찾아보니 머리카락 한 올은 strand라고 말합니다. 그리고 뽑다는 pick이 아니라 pluck이라는 단어를 씁니다. 흥미로운 것은 흰 머리카락은 보통 white보다 gray라고 씁니다. 제가 하고 싶었던 말은 "I found a gray strand of hair here. Please pluck this hair."라고 하면 되는 거였어요. 이 표현을 생각하다 보니 그렇다면 '이를 뽑다'는 어떻게 말하는지 궁금한 게 꼬리에 꼬리를 물고 이어져서 계속 찾게 됩니다. 이를 뽑는다는 표현은 "I had a tooth pulled out."입니다. 한 가지 의문에서 시작해 여러 표현을 익힐 수 있게 된 거죠.

꼭 하나 강조하고 싶은 것은, 특정한 단어를 모를 경우 혹은 머릿속에 당장 안 떠오를 경우엔 절대 당황하지 말고 내가 알고 있는 단어로 그 단어를 설명하면 됩니다. 한국말 할 때도 그럴 때 있잖아요. 단어가 떠오르지 않아서 그 단어가 뭔지 설명하게 되는 경우요. 영어에서도 요일 약통pill box을 사러 가서 그 단어가 안 떠오르면 설명을 해보는 거죠. 이런 식으로요. "I am looking for a plastic box for medicines. The box has small compartments, labeled from Sunday, Monday, Tuesday, etc. This box helps people to not forget to take them.(약 넣는 플라스틱 통을 찾고 있는데요. 작은 칸이 있고 일일, 월, 화 등등 라벨이 붙어 있어요. 약 먹는 걸 잊지 않게 도와주는 통이에요.)"

2단계, 자신의 컨디션과 기분 말하기

첫 번째 단계로 내 영어에 발을 담갔다면, 이제 두 번째 단계로 들어갑니다. 그날그날 느끼는 신체 컨디션이나 기분에 대해 영어로 표현해보세요. 우리는 일상 속에서 우리 신체의 느낌에 대해 생각보다 자주 이야기합니다. 그런데 그걸 막상 영어로 말하려고 하면 구체적인 표현을 모릅니다. 예를 들면 아래의 문장을 영어로 표현해보세요.

My finger joint hurts.(오늘은 손가락 마디가 아파)

I must have slept wrong; my neck feels stiff.(잠을 잘 못 잤는지 뒷목이 뻣뻣해.)

The day after hiking, my calves are terribly sore.(등산하고 난 다음 날은 종아리가 너무 당겨.)

This morning, my throat is tickly.(오늘 아침에 일어나니 목이 간질거려.)

I have a habit of sitting with my legs crossed when I sit at my desk, which causes back pain.(나는 책상에 앉을 때 자꾸 습관적으로 다리를 꼬아서 허리가 아파.)

어떤가요? 늘 쓰는 말일 텐데 영어로 어떻게 표현할지 순간 난감할 거예요. 그럼 사전도 찾아보고 웹사이트도 찾아보면서 표현을 만들어보세요. 만들어본 문장이 문법적으로 정확한지 표현이 어색하지 않은지 챗GPT의 도움을 받아 확인해보세요.

아마 익숙한 표현도 있고, 의외의 표현도 있을 겁니다. 이처럼 우리가 일상에서 매일 접하는 물건들, 혹은 매일 주변에서 보고 느끼는 상황들도 막상 영어로 표현하려고 하면, 정말 쉬운 문장인데도 생각보다 낯설게 느껴집니다. 고급 단어와 복잡한 어구를 달달 외우는 것보다 이렇게 일상에서 늘 접할 수 있는 표현들을 몸에 배게 만드는 게 중요합니다. 그리고 이런 표현들은 비교적 단순하고, 인터넷에서 쉽게 검색해볼 수 있습니다. 이런 문장을 일상적으로 연습한다면, 필요한 순간에 망설임 없이 활용할 수 있게 되는 거죠.

3단계, 내 주변 상황 묘사하기

세 번째 단계입니다. 앞에서는 자신의 상태에 대해 이야기하는 연습을 했다면, 이번에는 다양한 상황 묘사를 합니다. 자신이 움직이는 동작 하나하나를 영어로 바꿔 말해보는 겁니다. 내가 지금 뭘 하고 있는지 영어로 말하는 거예요. 조금

정신이 나간 사람처럼 느껴질 수도 있지만 혼자 중얼중얼거립니다.

Where is my phone? (전화기가 어디 있지?)

I am pressing the button for the basement floor in the elevator now. I am walking towards my car in the parking lot. The parking lot lights are a bit dim. (나는 지금 엘리베이터에서 지하 1층 버튼을 누른다. 주차장에서 내 차를 향해 걷고 있다. 주차장 조명이 좀 어둡다.)

There aren't many cars on the street today. It's quiet. (오늘은 길거리에 차들이 별로 없다. 한산하다.)

People are gathered over there in the park; I am curious about what event is taking places. Many people have brought their dogs to the park. Oh, that dog isn't on a leash. (저기 공원에 사람들이 모여 있는데, 무슨 모임을 하나 보다. 공원에 강아지를 데려온 사람들이 많다. 어, 저 개는 목줄을 안 했네.)

아마 처음엔 잘 안 될 거예요. 중요한 건, 지금 눈에 보이는 것, 그리고 내가 하고 있는 행위를 바로 영어로 중얼거리면서 말해보는 거예요. 꼭 한 번에 완전한 문장을 말할 필요는 없습니다. 한국어 문장을 거친 다음 번역하는 것이 아니라, 눈에 들어오는 상황을 영어로 바로 말해야 합니다. 단어가 생각나지 않으면 바로 찾아도 되지만, 일단 메모만 해두고 나중에 한꺼번에 찾아봐도 좋아요. '나는 지금 회사 출입증을 리더기에 대고 사무실로 들어갑니다'를 영어로 말하려는데 '출입증을 리더기에 대다'라는 표현이 뭔지 떠오르지 않는다면, 그래도 일단은 모르는 대로 문장을 만들어봅니다. 그러고 나서 나중에 표현을 찾아보는 거죠. 출입증 카드는 물론 대중교통 상하차 시 교통카드를 찍는다고 말할 때 scan이라는 표현을 씁니다. 이렇게 말하면 됩니다. "I am scanning my company badge on the reader and entering the office." 더듬더듬 차근차근 문장을 완성해봅시다.

마치 인터넷 브라우저의 자동번역 기능처럼 내 일상을 자동번역해서 입에 배도록 만듭니다. 이렇게 나의 일상에 관한 영어를 차곡차곡 쌓아갑니다.

4단계, 즐겨 보는 콘텐츠를 영어로 보기

자, 이제 네 번째 단계입니다. 자신이 좋아하는 콘텐츠를 영어로 보세요. 저는 평소에 취미나 관심 분야의 영어 유튜브 동영상을 보거나 팟캐스트를 즐겨 듣습니다. 요즘엔 수영에 대한 것이나 커피 만드는 법 등을 찾아보고 있어요. 예를 들면 〈Global Triathlon Network〉 유튜브 채널을 보면서 수영 플립턴을 연습하는 것이지요. 요가를 좋아한다면 영어로 된 요가 영상을, 캠핑을 좋아한다면 영어로 된 캠핑 콘텐츠를 고르세요. 한국어 콘텐츠보다 영어로 된 동영상은 몇 배로 다양할뿐더러 이미 관심 있는 주제이기 때문에 단어나 표현도 훨씬 빠르고 쉽게 습득할 수 있습니다.

관심 분야의 동영상을 볼 때는 자막 없이 듣거나 봐도 이해하기 크게 어렵지 않을 겁니다. 특별한 용어나 중요한 사실을 확인해야 할 때는 그 부분만 자막을 확인하고요. 또 속도가 익숙해졌다면 1.25배속으로 조금 빨리도 들어보세요. 콘텐츠에 달린 코멘트를 읽으면서도 배우는 게 많답니다. 내가 좋아하는 취미나 취향을 영어로 어떻게 표현하는지 익혀둔다면 누군가와 함께 이 주제로 대화를 나누게 될 때 영어가 막힘없이 나오는데 큰 도움이 될 겁니다.

5단계, 영어로 일기 쓰기

마지막 단계는 쓰기입니다. 매일 꾸준히 영어 일기를 써보세요. 긴 글이 부담스러우면 서너 문장 정도만 오늘의 소감을 영어로 써봅니다. 짧게 하는 말보다 글은 조금 더 자신의 생각과 표현을 차분하고 정교하게 다듬을 수 있는 기회죠. 무슨 일이 있었는지, 어떤 생각이 들었는지, 사람들에게 알리고 싶은 게 뭔지 영어로 씁니다. 쓰기는 정확성을 높여줍니다. 우리가 말하고 들을 때는 정관사/부정관사, 시제, 단수/복수 등에 신경 쓸 겨를이 없는데, 문장으로 쓸 때는 정확하게 쓰려고 노력하면서 그동안 잘못 쓴 것들을 발견하게 됩니다. 그렇게 짧게라도 쓴 것을 차곡차곡 모아둡니다. 6개월, 1년 전에 쓴 것을 다시 읽어보면 자신의 쓰기 능력이 나아졌다는 것을 깨닫게 됩니다.

우리가 영어 말하기를 할 때는 고작 한두 명과 함께할 수 있지만, 쓰기라는 행위를 통해서는 더 많은 사람들과 영어를 함께할 수 있습니다. 자신의 글을 SNS에서 불특정 다수와 공유하는 것은 물론, 친한 친구만 있는 비공개 그룹에서 공유하다 보면 영어 습관을 형성하기가 훨씬 쉽습니다. 계속 말하지만, 공부는 함께해야 쉽게 포기하지 않습니다. 저는 미디엄이라는 블로그 플랫폼에서 영어 에세이를 월 1회 이상을 목표로 쓰고 있어요. A4 한 페이지 반 정도의 분량을 쓰기 위해서는 많은 준비가 필요하지만, 몇 명의 구독자라도 내 글을 기다린다는 생각에 약속을 지키기 위해 억지로라도 쓰게 됩니다.

　다시 한 번 영어 속에서 사는 다섯 단계를 정리해볼까요? 1단계: 눈 앞에 보이는 사물을 영어로 말해보기. 2단계: 지금 내 상태 영어로 말해보기, 3단계: 내가 하고/보고 있는 것을 영어로 중얼거리며 묘사하기, 4단계: 관심 있는 콘텐츠를 영어로 듣기, 그리고 5단계: 영어로 일기 쓰기. 이렇게 내 생활을 영어에 푹 적시는 다섯 단계를 머릿속으로 그리면서 자신의 수준에 맞게 차근차근 이어가면 자연스럽게 영어로 생각하고 말하게 됩니다. 영어를 하러 꼭 외국에 가지 않아도, 원어민과 매일 얘기하지 않아도 할 수 있는 사고법이에요. 일상 속에서 문득 '어? 저걸 영어로 뭐라고 하더라?' 하는 의문이 떠오른다면 '영어 마인드셋' 탑재가 시작된 겁니다.

외운 어휘는
반드시 써먹어야 한다

입력보다 출력

어휘 습득과 활용에 상당한 시간을 들이는 건 어쩌면 제 직업적 특성 때문인지 모릅니다. 커뮤니케이션 팀이 하는 일은 소통 그 자체입니다. 광고나 홍보, 마케팅 모두 언어라는 도구로 듣는 상대의 마음을 움직여야 하고, 여기에는 뛰어난 언어 능력이 필수입니다. 기업의 대내외 커뮤니케이션을 맡는 팀에는 제가 혀를 내두를 정도로 언어적 감각과 사고가 뛰어난 사람들이 포진해 있어요. 팀 미팅 등에서 이 친구들이 쓰는 단어나 표현을 귀를 쫑긋하고 신경 쓰며 듣고 노트에 적어 놓기도 합니다.

한번은 동료가 "We need to speed up this project since we have a truncated week this week.(이번 주는 일주일이 짧으니 이 프로젝트의 속도를 높여야 합니다.)"라고 말했어요. truncated week가 무슨 의미인지 바로 알아듣지 못했죠. 그 주 금요일이 회사가 지정한 휴일로, 주 4일만 일하는 주간이었습니다. short week라고 말할 수 있지만 truncated(잘려나간)라는 단어를 쓴 거죠. 우리도 한국어에서 "이번 주는 근무일이 짧아요"라고 할 말을 "이번 주는 단축 근무 주예요"라고 표현할 수 있는 것처럼요. 한번은 12월 행사의 초대 문구를 고민하다가 '연말연시가 돌아왔습니다'라는 의미로 'The holidays are around the corner'와 'The holidays have come back again' 중 뭘로 할까 원어민 동료에게 의견을 물었더니, 이런 제안을 하더군요. 'The holidays are upon us once again.' 훨씬 더 공적이고 시적인 뉘앙스의 문장이었어요.

비영어권자로서 쓰는 제 표현들은 문법은 맞을지 몰라도 좀 밋밋한 느낌이 든다면, 원어민 영어에는 이렇듯 섬세한 면이 있습니다. 팀 동료들의 워드스미싱wordsmithing(언어 정교화 작업) 능력은 늘 보다 정확한 표현, 정교한 표현, 그리고 남들이 잘 안 쓰지만 재밌고 신선한 표현을 알고 싶어 하는, 혹은 알아야 한다는 욕심으로 이어집니다. 처음엔 갈 길이 너무 멀어 보였지만, 제 영어를 한층 끌어올리는 데 매우 긍정적인 자극이 되었어요.

다만 일상 대화 연습에 초점을 맞추는 사람은 새롭고 어려운 단어를 애써 공부하는 데 시간을 조금 덜 할애해도 좋습니다. 오히려 알고 있는 단어나 표현들이 입에 붙도록 연습하는 게 훨씬 중요하니까요. 어느 영어 유튜버가 이런 말을 했습니다. 이미 알고 있는 쉬운 표현을 연습하는 영상을 올리면 반응도 적고 조회수가 정말 적은데, 새로운 표현이나 슬랭을 올리면 조회수가 올라간다고요. 그는 그런 새로운 어휘를 배우는 것이 자기 만족감을 줄 수는 있겠지만, 지금 알고 있는 단어와 표현만으로도 훌륭히 의사소통을 할 수 있으니 새로이 입력할 시간에 한 번이라도 더 연습하는 게 훨씬 중요하다고 했습니다. 저도 여기에 전적으로 동의합니다. 입력보다 중요한 게 출력이더라고요.

아는 단어도 다시 보자

우리는 영어 표현을 학습할 때 이런 식으로 배웁니다. upset은 '화나다'라는 뜻이고, 예문은 이렇게 만듭니다. "I was upset about his rude behavior.(그의 무례한 행동에 화났다.)" 우리가 학교에서 배우는 영어가 늘 이랬습니다. 그런데 이 upset이라는 단어 하나가 굉장히 다양하게 쓰인다는 걸 저는 여러 상황에서 다양한 사람들과 영어로 얘기하고 뉴스나 오디오북을 접하면서 알게 되었어요.

한번은 팀 동료가 자신을 키워주신 할머니와 얼마나 친했는지 얘기하면서 이러더군요.

I was upset when my grandma was hospitalized.(할머니가 입원해서 속이 많이 상했어.)

최근 한 뉴스 제목에서 upset이 또 다른 뜻으로 사용되었어요.

Unranked team's upset win.(무명 팀의 뜻밖의 승리.)
2023 will upset industries and expectations.(2023년은 전 산업계와 기대들을 뒤흔들 것이다.)

여기서는 '역전하다' '뒤흔들다'라는 의미로 쓰였습니다. 또 오디오북을 듣다 보니 아래와 같이 upset이 '탈이 난'이라는 뜻으로 쓰인 문장을 접하게 됩니다.

I had an upset stomach because I ate too much. (너무 많이
먹어서 배탈이 났어.)

각각의 문장에서 upset은 '속상하다' '기대하지 않은' '뒤
흔들다' '(배)탈이 난' 이렇게 네 개의 다른 의미로 사용되었
습니다. upset을 단지 '화나다'라는 뜻으로만 생각하면 전혀
이해하기 어려운 문장들이죠. 이런 예문을 대화에서, 이메일
에서, 오디오북에서, 뉴스 헤드라인에서 발견했을 때 내가 알
고 있는 표현과 많이 다르다는 생각이 든다면, 바로 노트에
적어놨다가 그날 하루 계속 반복해서 말해보고 외우는 거예
요. 그럼 자연스럽게 그 표현이 체화되고 필요한 순간에 쓸
수 있게 됩니다.

우리가 영어를 하는 목적은 자기 생각을 망설임 없이 영어
로 정확하게 말하는 것이니, 영어 단어를 더 많이 외우기보다
자기 생각을 영어로 말하는 연습을 한다는 관점에서 접근할
필요가 있습니다. 아직 영어로 생각하고 말하기가 쉽게 안 된
다면 단어나 표현을 찾아보고 자신의 상황에 맞게 예문을 만
들어 반복해 익혀두고, 그러고 나서 친구들과 대화할 때나 영
어 쓰기 등을 할 때 써먹습니다. 자신의 필요에 맞게 직접 찾
아서 익힌 표현들은 일상생활에서 자주 사용할 수 있기 때문
에 단어집을 보고 외우는 것보다 훨씬 더 기억에 오래 남습

니다.

그리고 하고 싶은 말을 영어로 떠올릴 때, 사전을 찾아보는 것이 꼭 좋은 방법이라고 말하기는 어려워요. 사전에서는 정확한 뉘앙스를 확인하기가 어렵기 때문이에요. 예를 들어 '고민하다'라는 표현을 쓰고 싶을 때가 있잖아요. 내일 산에 갈지 말지 고민 중이다, 대학원에 가야 하는지 고민된다, 이직을 해야 할지 고민된다 등등 '고민'이라는 말을 사전에서 찾으면 'in agony'가 나와요. 그런데 제 고민이 고뇌까지는 아닌 것 같거든요. agony는 뭔가 큰 괴로움이나 번뇌 같은 뉘앙스이니까요.

그래서 저는 일상에서 이걸 할지 저걸 할지 고민한다고 말할 때는 어떤 표현을 써야 할지 인터넷에서 찾아보기 시작했습니다. 물론 주변 사람들이 말하는 것도 잘 들어두었죠. 그렇게 알게 된 답은 너무 간단했어요. 바로 think of를 쓰면 되는 거였어요. think of는 '~에 대해 생각하다'로만 쓰이는 게 아니라, '~할까 해' '~할지 고민이야'처럼 가벼운 고민에서 약간 심각한 수준까지 모두 표현하는 말입니다. 심각한 고민은 여기에 seriously를 붙이면 되고요.

I am thinking of going hiking this weekend.(주말에 하이킹 갈까 생각 중이야.)

I am seriously thinking of finding a new job.(새로운 직업을 찾아야 할지 심각하게 고민 중이야.)

우리가 일상에서 꼭 어려운 말만 쓰지 않듯이, 원어민들 역시 평범한 단어를 폭넓게 사용하고 있습니다. 교과서에서 가르쳐준 대로 단어 하나에 한 가지 뜻으로만 외우다 보면 정작 필요한 순간에 단어를 떠올리느라 '고뇌하게' 됩니다.

영어를 본격적으로 공부하기 전에는 '영어에는 왜 이런 표현이 없지?' 하는 생각을 자주 했습니다. 그런데 알면 알수록 영어에도 섬세한 표현들이 있더라고요. 제가 몰라서 제대로 딱 맞는 표현을 못 찾았을 뿐입니다. 최근엔 작문을 하다가 acquiesce라는 단어를 알게 되었어요. 기쁘게 수락하는 게 아니라 '마지못해 수락한다'라는 뜻의 이 단어는 매일 쓰지는 않더라도 강연이나 스피치 등에서 유용하게 사용할 수 있습니다.

Despite initial reservations, he decided to acquiesce to the team's decision for the sake of unity.(처음에는 망설였지만, 그는 단합을 위해 팀 결정을 마지못해 받아들이기로 결정했다.)

그리고 '다시 한 번 더 생각해보고는 안 하기로 결정했다'

라는 복잡한 표현을 think the better of라고 표현할 수 있다는 것을 알게 되었을 때는 정말 놀라웠죠.

I was going to confront my colleague, but I thought the better of it and decided to address the issue calmly later.
(동료에게 맞설까 했지만 다시 한 번 생각해 그러지 않기로 하고, 이 문제를 조용히 나중에 처리하기로 결정했다.)

이렇게 새로운 표현을 하나하나 발견하는 기쁨이 얼마나 큰지 모릅니다. 새로운 세계를 야금야금 알아가는 맛, 세상에 없는 맛입니다. 한 사람의 사고방식을 한순간에 확 바꾼다는 건 정말 어려운 일이에요. 한국말을 쓰며 30년, 40년을 살아왔으니까요. 그러니 하나씩 영어식 사고로 바꿔보는 몰입 상황을 만들어보세요. "아, 어떻게 해야 할지 정말 고민돼"라고 말하는 순간, '고민하다'가 영어로 뭔지 한번 떠올려보세요. 그리고 영어 문장으로 말해볼 수 있는지 스스로 판단해보는 겁니다. 최근에 동료가 "겨울 휴가 때 어디 갈 거야?"라고 물었어요. 그래서 바로 얘기했죠. "I am thinking of going to LA or New York.(LA 갈지 뉴욕 갈지 고민 중이야.)" 어떤가요? 외운 것을 잘 써먹은 것 같나요?

발음 연습은
잘 알아듣기 위한 기초 훈련

꼭 원어민처럼 발음해야 할까?

아무리 영어에 시간을 오래 쏟아도, 제 영어는 소위 '혀 꼬부라진' 원어민 발음은 아닙니다. 한국식 '구수한' 영어에 가깝죠. 그래서 여전히 카페에서 주문할 때마다 긴장됩니다. 내 뒤에 다른 손님들이 길게 줄 서 있을 때는 더 그렇고요. 제가 주로 시키는 커피 음료는 디카페인 바닐라 라테decaf latte with vanilla syrup입니다. 그런데 카페 직원이 제 바닐라 발음을 못 알아듣는 겁니다. 세 음절에 모두 강세를 두고 또박또박 "바/닐/라"라고 하니 못 알아듣고 몇 번을 되묻습니다. 그러다가 무언가 깨달았다는 듯이 외칩니다. "오! 브(버)닐라!" 그런데 제 귀에는 첫 소리인 '브(버)'가 전혀 들리지 않는 거예요. '아, 여기 현지인들은 닐라라고 하나 보네' 생각하고 다음번에는 '닐라 라테'라고 발음했어요. 그랬더니 또 못 알아듣는 것이었습니다. 알고 보니 브(버)를 아주 작게 소리가 나는 듯 안 나는 듯 발음하는 게 포인트였습니다.

이런 일들은 아주 자주 벌어집니다. 영어 원어민들과 말하면서 내가 듣기에는 다 비슷하게 들리는 것 같은데 왜들 저렇게 못 알아 듣지 싶을 때가 있어요. 모음 하나 잘못 발음했다고 어리둥절한 시선으로 바라볼 때는 저도 모르게 당황스러워집니다. 발음이 그렇게 중요할까요?

그런데 발음 공부는 말하기 능력보다 듣기 능력 향상에 가장 큰 도움을 주는 일등공신이에요. 상대방이 내 말을 알아듣게 하는 것은 물론, 나 또한 상대의 말을 더 잘 알아듣기 위해서 말입니다. 상대가 무슨 말을 하는지 알지 못하면 아무리 영어로 말할 있다고 해도 소통을 이어갈 수 없겠죠

나이 마흔에 파닉스부터 시작했던 저는, 철자 중심으로 달달 외우면서 발음 기호를 정확하게 뜯어보지 않았던 과거와 달리, 발음 기호와 악센트, 복모음 등을 정확하게 발음하는 훈련을 이어갔습니다. 내가 정확한 발음으로 그 단어를 기억하고 있어야 누군가가 말했을 때 정확하게 알아들을 수 있기

때문입니다. 그중에 신경을 쓰며 많이 고쳤던 것이 바로 끝맺음 발음이었어요. 예를 들어, 한글은 자음+모음 구조로 되어 있다 보니, 자음으로 끝나는 영어 단어를 읽을 때 무의식적으로 모음인 이 혹은 으를 넣게 됩니다. much를 '머치'로, such를 '서치'로 발음하듯 늘 모음을 추가해서 발음하는 것이 한국식 특유의 발음이죠. 영어에서는 interest라는 단어를 한국말처럼 '인터레스트' 이렇게 다섯 음절로 발음하지 않고, 중간에 있는 e를 아주 약하게 발음하는(슈와 사운드라고 부르는) 방법으로 '인트르슷(트)'처럼 한 음절로 들리도록 발음하기도 하니까요.

발음이 더 헷갈리고 혼란스러울 때는 바로 우리가 한국어에서 외래어로 익숙하게 쓰는 단어들을 영어로 말할 때입니다. 고유명사의 경우 각국 언어의 원어 발음을 존중하여 표기하고 발음하는 우리와 달리, 영어권에서는 영어식으로 표기하고 발음하는 경우가 굉장히 많습니다. 우리가 익히 읽고 쓰는 외래어와 영어식 발음이 전혀 달라서, 이미 알고 있는 내용도 영어로 소통하기 어려울 때가 많죠. 그리고 한국식으로는 모든 음절을 또박또박 발음하는데 영어로는 특정 음절에 강세를 두어서 정말 많이 다르게 들려요. 최근에 무거운 짐을 나르면서 현지인 친구에게 "나 삼손 된 것 같은 기분이야 I feel like I am Samson."라는 표현을 썼습니다. 성경에 나오는 이스라엘의 장사 '삼손'을 가리켜 제 딴엔 영어식 발음이라고 '쌤 쏜'이라고 말했는데 못 알아듣더군요. 그래서 결국 "성경에 나오는 힘이 장사인 사람인데 머리카락을 자른 다음에 힘을 잃은 그 사람 말이야"라고 길게 설명하니 그제야 "아하, 쌔앰 ~쓴!" 합니다. 나라나 지명 얘기할 때도 많이 헛갈립니다. 파 라과이Paraguay는 패러그웨이, 스톡홀름Stockholm은 스탁호 옴, 이스라엘Israel은 이즈리얼, 이런 식으로 우리가 익숙하게 발음해왔던 외래어 발음과 아주 다른 게 많습니다.

외래어 표기는 그야말로 약속한 표기법 기준에 따라 표기 하는 것이니, 일단 영어를 사용하는 사람들과 의사소통하는 게 목적이라면 영어권에서 그 단어를 어떻게 발음하는지 아 는 게 중요합니다. 어떻게 발음하는지 모르는데 그걸 잘 알아 듣는 건 불가능하니까요. 나라나 도시 이름을 한꺼번에 몰아 서 외울 수는 없으므로 평소에 〈NPR News〉 같이 뉴스 채널 등을 자주 접하면서 발음을 잘 기억해두면 큰 도움이 됩니다.

최근에는 오디오북으로 책을 읽는데 "Life can only be understood backwards; but it must be lived forwards."라 는 명언과 함께 지은이를 키얼크가아드라고 소개합니다. 누 구를 말하는 거지? 하고 아무리 이름을 반복해서 들어도 알 아들을 수가 없어서, 검색창에 아예 그 명언 자체를 검색해 봤습니다. 바로 그 명언의 주인공은 쇠렌 키르케고르Soren

Kierkegaard였어요. 키르케고르 vs. 키얼크가아드, 달라도 너무 다르죠. 의외로 이런 경우가 영어 소통의 큰 걸림돌이 됩니다. 영어가 아닌 언어권의 인명과 고유명사를 언급할 때 영어 발음에 대해 알지 못하면 서로 전혀 알아듣지 못하기 때문입니다. 원어 발음을 존중하느냐 마느냐의 문제를 떠나서 말이죠. 예를 들면 이런 겁니다.

빅터르 위고Victor Hugo는 빅터 휴고우

피카소Picasso는 퍼카쏘우

아리스토텔레스Aristotle는 에러스타들

무어의 법칙Moore's law은 모어스 러

피타고라스 법칙Pythagorean theorem에서 피타고라스는 파이싸고리연

인명이나 지명을 접할 때 영어로 소리 내어 연습하고, 책을 읽고 들을 때 내가 생각했던 발음과 다르면 꼭 발음을 반복해서 연습해봅시다. 그냥 듣고만 지나가면 내 입에 절대 붙지 않아요. 책을 읽을 때 역시 눈으로 읽지 않고 소리를 내서 읽는데, 소리 내서 읽다 보면 발음이 꼬이는 부분을 빠르게 바로잡을 수 있습니다.

물론 꼭 미국식 발음이 영어의 전부는 아닐 거예요. 최근 스타벅스에서 바리스타 아르바이트를 하면서 깨닫게 된 것은 정말 다양한 사람들이 다양한 억양과 발음으로 영어를 한다는 것입니다. 스타벅스 매장에 단골 고객인 러시아계 드미트리란 친구가 찾아왔어요. 그는 저에게 '싸워초'를 주문했습니다. 최소한 제 귀에는 그렇게 들렸어요. "싸워초?" 정말 열 번은 되물었어요. 그랬더니 이 친구가 화를 내면서 휙 돌아서 나가더군요. 단골 고객이 그렇게 나가는것을 본 다른 바리스타가 제게 다가와 이렇게 말했어요. "아마 드미트리가 말한 건 soy chai latte(두유 차이티라테)였을 거야."

다음 날 다시 찾아온 드미트리는 제게 '쏘이 차이'라고 또박또박 발음해 주문을 했습니다. 제가 알아듣지 못한다고 화를 내고 나가버리긴 했지만, 발음을 제대로 숙지한 뒤 다시 돌아온 것이죠. 물론 저도 그때는 단번에 알아들었고요. 그 모습에 어쩐지 매번 실수하면서도 고쳐 말하고 통할 때까지 말을 걸어보는 제 모습이 비쳐서 저도 모르게 마음이 찡했습니다. 세상에는 정말 다양한 사람들이 있으니 내 한국식 발음 때문에 움츠러들지 말자는 용기도 생겼고요. 발음을 다시 연습하고 돌아온 드미트리처럼, 실수에 주저앉지 않고 통할 때까지 계속 부딪혀가면서 영어를 말할 수 있는 그런 맷집과 끈기 말입니다.

듣기와 말하기, 쓰기 중
뭐가 더 먼저일까?

귀트영이 입트영을 만든다

영어에 익숙한 제 주변 사람들 상당수는 서비스 센터에 전화 문의할 때나 피자 주문할 때가 비즈니스 영어를 할 때보다 더 긴장된다고들 합니다. 회사 미팅에서는 내용도 익숙하고 주로 쓰는 말이 오가지만, 스몰토크에서는 다양한 질문과 답이 예상치 못하게 튀어나오기 때문일 거예요. 예를 들어, 전화로 피자를 주문하려면 미리 할 말을 준비해놓습니다. "I'd like one large vegetable pizza with a thin crust, extra mushrooms, and no onions, please.(라지 사이즈 베지터블 피

자 한 판, 씬 크러스트 피자로 버섯 추가에 양파는 빼주세요.)"상대
가 전화를 받자마자 준비한 말을 속사포로 쏟아냅니다. 무사
히 주문을 마쳤다 싶은 순간 상대방이 예상치 못한 질문을
합니다. "By the way, would you like the pizza to be cut into
quarters or eighths?(그런데 피자는 4등분 할까요? 아니면 8등분 할
까요?)" 순간 당황해서 뭐라고 하는지 안 들립니다. 알고 보면
쉬운 단어들만 있는 문장인데도 말이죠. 두세 번 되묻고 나서
서야 주문이 끝납니다. 저 역시 일상 대화나 스몰토크에서 듣
기가 참 어려웠어요.

듣기, 말하기, 쓰기 중에서 뭐가 더 중요하냐는 질문을 종
종 받습니다. 어떤 영어가 필요하느냐에 따라 사람마다 다르
기도 하지만, 언어 학습이란 결국 이 세 가지의 총합이기 때
문에 어느 하나가 더 중요하다고 답하기는 어렵습니다. 하지
만 제가 24시간 영어와 살게 되면서 피부로 느끼는 것은 듣
기, 말하기, 쓰기 중에서 생각보다 '듣기'가 훨씬 중요하고,
순서상 '먼저' 터득해야 한다는 것입니다. 들려야 답할 수 있
고, 그래야 소통이 성립하기 때문입니다.

결국 잘 들려야 더듬거리더라도 대화를 이어나갈 수 있습
니다. 즉, '귀트영'이 되어야 '입트영'이 시작되는 것이죠. 그
렇다면 듣기는 어떻게 공부할까요? 영어를 눈으로 익히는
게 아니라 소리로 익혀야 합니다. 영어 콘텐츠를 많이 듣고,

단어 하나하나 발음을 익히고, 또 단어와 단어가 연결될 때 어떻게 발음되는지를 소리로 배워야 합니다. 한국어에서도 '국물이 맛있다'이라고 쓰지만 발음은 '궁물이 마딛따/마신따'라고 하는 것처럼, 발음을 알아야 비로소 들을 수 있습니다.

액티브 리스닝

귀를 트이게 한다고 그저 무작정 영어 콘텐츠를 계속 틀어놓기만 하면 된다는 말은 아닙니다. 아예 안 보는 것보다는 도움이 될 겁니다. 하지만 그냥 이런 '흘려듣기'로는 듣기 실력이 절대 향상되지 않습니다. 그렇게 흘려들으면 평소에 알고 있던 단어나 표현만을 취사 선택해 듣게 되기 때문이에요. 우리가 어려운 수학 시험지를 펼쳤을 때 아는 문제만 눈에 들어오듯이, 아는 단어만 파편적으로 듣고서는 듣기 실력이 향상되지 않습니다.

언어를 학습하는 입장에서는 흘려듣기가 아니라 '액티브 리스닝'이 중요합니다. 초집중해 적극적으로 듣는 연습을 하는 거죠. 집중해 듣고, 들리지 않으면 들릴 때까지 반복해서 다시 듣는 게 중요합니다. 콘텐츠의 80% 이상 잘 들리지 않는다면 다른 일을 멈추고 듣기에만 집중합니다. 처음에는 아무래도 대본이나 자막이 있는 콘텐츠를 사용하는 게 좋겠지요. 비교적 짧은 문장으로 천천히 정확히 말하는 콘텐츠를 선택해야 처음부터 질리지 않아요. 귀를 기울여 안 들리는 단어가 무엇인지 짐작할 만큼 반복해서 들어본 후, 자막으로 답을 확인하면서 모르는 단어나 구문 등은 따로 정리하여 복습합니다.

들을 때는 안 들리는데 자막을 보면 다 아는 단어인 경우도 많아요. 단어를 알고 있어도 어떻게 소리가 나는지 발음을 제대로 읽히지 않아서 안 들렸던 경우입니다. 혹은 보통 영어를 말할 때 한 단어씩 또박또박 말하는 것이 아니라 서너 단어를 연결해서 말하기 때문에 들리지 않는 경우도 많아요. 연음 linking이라고 하지요. 예를 들어 a cup of coffee를 '어컵, 어브, 커피'라고 발음하지 않고 '어-커버(퍼) 커피'라고도 해요. all of it은 세 단어를 따로따로 '얼 어브 잇'으로 발음하는 게 아니라 '얼-러-빗'으로 발음합니다. 뒤에 나오는 모음에 앞자음이 연결되는 겁니다. 쓸 때는 띄어 쓰지만 소리 낼 때는 연결하는 거죠. 이처럼 단어 기준이 아니라 청크chunk(의미 있는 내용을 한 묶음으로 보는 것) 기준으로 연음이 어떻게 되는지 파악하면, 듣기 실력이 빠르게 향상될 수 있어요. 말하기에서 연음으로 말하는 연습은 조금 나중에 하더라도, 듣기에서는 집중해서 학습해야 합니다.

영어에서 너무 당연하고 크게 의미 없는 단어들은 축약해서 발음하는 경향이 있고, 슈와^{Schwa} 현상, 즉 강세가 없는 모음이 약해져서 '어'나 '으' 사이의 있는 듯 없는 듯한 발음으로 변하는 현상도 있습니다. balloon(블룬), problem(프라블름), family(휄리), camera(캠롸) 등처럼요. 그러니 많이 들어보고 소리로 익숙해지는 게 중요합니다. 여러 다른 콘텐츠를 한 번씩 듣는 것보다 하나를 반복해서 연습하는 게 좋겠죠.

강조하고 싶은 건 언어에서 듣기와 말하기, 읽기와 쓰기 중 뭐가 더 중요하다고 말하기는 어렵다는 겁니다. 어느 하나가 잘되기 시작하면 다른 하나도 유기적으로 향상될 수 있기 때문이에요. 자신의 약점을 파악하고 나아지려 애쓰는 것은 좋지만, 약점에 얽매여 위축될 필요는 없어요. 하나가 되면 하나는 따라오게 되어 있습니다.

말하기가 죽어도
늘지 않는다면

일상을 영어 연습의 장으로 만들자

한번은 달리기용 트레이닝 팬츠를 구입하려고 아울렛 쇼
핑몰에 들렀습니다. 다양한 스포츠 용품을 파는 매장에 들어
가 직원에게 물었습니다. "Do you have jogger pants?(조거 팬
츠 있어요?)" 그런데 직원 표정이 영 이상합니다. 못 알아듣는
눈치였어요. 아, 내 제이 발음이 좋지 않아서 그런가? "두유
해브 쪼오거 팬츠?" 발음을 고쳐봐도 여전히 의아한 표정. 오
기가 생겨서 몇 번을 고쳐 말하다가 "아, 바지 밑단에 고무줄
밴드가 들어간 바지요"라고 말했더니 그제야 직원은 활짝 웃

으며 이렇게 답했습니다. "Joggers!" 제가 원했던 바지는 조거 팬츠가 아니라 '좌거스'였던 겁니다.

마침 그 가게에 맘에 드는 바지가 없기도 했고, 왠지 오기가 생겨서 쇼핑몰에 있는 매장마다 들어가며 이렇게 물었습니다. "두 유 해브 좌거스?" 입에 붙을 때까지 실전 표현을 반복해서 해본 겁니다. 그날 저는 결국 바지를 사지 못했지만 조거 팬츠가 '좌거스'라는 사실은 알게 되었었습니다.

말하기를 향상시키는 방법은 내가 어제 외운 단어를 오늘 바로 써먹는 것입니다. 표현 하나를 외우면 열 번 정도는 의식적으로 써먹어야 하고, 그래야만 언제든지 튀어나오는 나의 표현이 됩니다. 그러기 위해 고안한 저만의 방법이 있어요. 방 안에 화이트보드를 하나 갖다 놓고 하루 하나씩 '오늘의 표현'을 써놓습니다. 매일 1일 1표현을 써놓고 그 앞을 왔다 갔다 하면서 계속 중얼중얼거리는 거예요. 책상 앞에 바로 있어서 집에서 화상 회의를 하거나 이메일을 쓸 때 계속 눈에 들어오겠죠? 그럼 의식적으로 그 표현을 써보려고 합니다.

예를 들면, 'up and running'이라는 표현이 있습니다. (기계나 시스템이) 잘 작동한다는 뜻입니다. 이 표현이 화이트보드에 적혀 있으면, 화상 회의를 하면서 동료에게 이렇게 말해봅니다. "My internet connection at home was terrible last week, but I called my provider, and they got it up and running properly.(지난주에는 우리집 인터넷 상태가 정말 안 좋아서 업체에 전화했더니 잘 작동하게 고쳐줬어.)" 점심 장소 등에 대해 얘기할 때도 이렇게 말해봐요. "Have you been to the Heavenly Pasta restaurant in downtown Mountain View? They closed during the pandemic but are now up and running.(마운틴뷰 시내에 헤븐리 파스타 레스토랑 가봤어? 팬데믹 동안 문 닫았었는데 지금은 운영하고 있더라고.)" 물론 그렇게 써 먹다가 이런 식으로 약간 무리하게 사용할 때도 있습니다. "I did not sleep well last night, but after a strong coffee, I'm up and running for the day.(어젯밤 잠을 못잤는데, 진한 커피 한잔하니까 지금은 쌩쌩해.)" 저의 영어 단짝 친구가 up and running은 사람에게는 잘 안 쓰고 주로 기계나 시스템에 주로 쓴다고 살짝 알려줬습니다. 물론 약간 민망하지만 그러면서 배우는 거죠. 이렇게 10번 정도 의식적으로 써먹으면서 실수도 하고 그걸 고치는 노력을 하다 보면 뇌리에 착 붙어서 절대 떨어지지 않습니다.

전화 영어 마스터하려다가
보이스 피싱에 걸린 사연

언젠가 아버지가 그런 얘기를 하신 적이 있습니다. 당신이 젊었을 때 영어 연습을 하려고 시간만 나면 동네에 있는 미군부대 앞으로 출근하다시피 했다고 말이죠. 영어 잘하는 제 친구들도 대학 시절 외국인을 만나 영어 연습하려고 퇴근 후 매일 이태원에 갔다는 이야기를 들은 적도 있고요. 그만큼 배운 영어를 실제로 써먹을 수 있는 상황에 자신을 노출시키려는 시도였겠죠. 저 역시 미국에 와서도 오디오북 듣기, 튜터와 매일 1시간 공부하기, 스피치 연습하기 등등 다양한 활동을 하고 있는데, 그중 가장 열정적으로 줄기차게 한 게 하나 있습니다. 바로 전화 걸기 연습이에요.

저는 전화 영어에 대한 긴장감을 없애버리겠다는 목표로 기회가 될 때마다 전화를 하고 있습니다. 상대의 얼굴을 보면서 표정과 입 모양을 읽을 수 없어서 지금도 전화를 걸거나 갑자기 전화가 걸려오면 긴장이 되기도 합니다. 그래서 고객센터에 문의할 일이 있거나 식당이나 장소를 예약해야 할 때 오히려 무조건 전화를 걸어서 영어 연습을 하고 있어요. 예를 들면 회사 행사 준비를 위해 장소를 예약할 때 팀장인 제가 전화 예약을 자청하고요. 인터넷 찾아보면 나올 주차장 위치 정보도 꼭 전화해서 직접 물어보고, 호텔이나 항공권, 렌터카 예약을 할 때에도, AS 서비스가 필요할 때도 직접 고객센터로 전화를 합니다. 영어 공부 공짜로 한다는 생각으로 해요. 그렇게 귀에 모든 신경을 집중하다 보면 영어 실력이 쑥쑥 느는 게 느껴집니다. 예전에는 전화 상담사의 이름은 들을 여유조차 없었는데, 요즘은 상대의 이름을 부르면서 바로 얘기할 수 있게 되었어요.

조금 민망한 이야기지만, 그렇게 신나게 고객센터에 전화하다가 두어 번 정도 보이스 피싱 사기에 걸리기도 했답니다. 한번은 평소에 잘 안 들어가는 웹사이트를 들어갔는데, 갑자기 화면이 정지되면서 컴퓨터가 바이러스에 걸렸으니 절대 아무거나 누르지 말고 이 번호로 전화하라는 안내 메시지가 뜨는 거예요. 애플 로고도 함께 말이죠. 나중에 생각해보니 너무 뻔한 사기였지만, 그 순간에는 문제를 빨리 해결하고 싶은 나머지 화면에 뜬 번호로 '이때다!' 하고 전화를 걸었습니다. 당연히 영어 연습한다고 생각하고요. 통화음이 두세 번 울리자마자 상담사가 바로 전화를 받았습니다. 상대는 제게 컴퓨터에 깔린 치명적인 바이러스를 제거하려면 당신의 컴퓨터에 원격 접속을 해야 하니 지금 보내는 소프트웨어를 다운받아 설치하라고 하더군요. 순간 이 사람을 내가 어떻게 믿어야 할지 의심이 들어서 대화를 종료했지만, 지금 생각해도 아찔한 순간이었어요.

영어 연습 상대를 찾아다니기

하루에 영어 한마디도 쓰지 않고도 불편함 없이 살 수 있는 환경에서 영어를 생활화한다는 것은 생각보다 쉽지 않습니다. 자신의 모든 일상에 영어 모드로 산다는 것도 말이 쉽지요. 눈코 뜰 새 없이 하루를 보내고 나면, 영어는커녕 '아, 내가 의미 있는 대화 한마디도 제대로 하지 못했구나'라는 생각이 들 때도 있으니 말이에요. 이런 상황에서 영어로 생각하고 영어로 말하기를 일상에서 실천하기란 쉽지 않습니다.

영어권 국가에 산다고 해서 모든 사람들이 늘 영어 속에 푹 파묻혀 지내는 것도 아니에요. LA나 애틀랜타 등 한인 커뮤니티가 큰 도시에 사는 '한국어가 더 편한' 한국인 친구들은 퇴근 후와 주말에는 맘만 먹으면 영어를 하나도 안 쓰고 하루를 지낼 수 있다고 하더라고요. 영어를 뒤늦게 배운 이들은 영어를 쓰려면 뇌의 언어 근육을 일부러 써야 하는 셈이니 아무 생각 없이 푹 쉬고 싶은 퇴근 후나 주말에는 영어 쓸 일을 피하게 되는 것이죠. 미국에 온 이후 줄곧 외국인 룸메이트와 살고, 주말엔 외국인 친구들과 캠핑을 가고, 검도장에 가서는 영어로 검도를 가르치고, 심지어 휴가 때도 외국인 회사 동료들과 여행을 간다고 얘기하면 주변에서는 "집에 가서도 영어 하면 안 피곤하세요?"라고 신기한 듯이 묻기도 합니다. 힘들다니요? 공짜로 영어 연습할 기회인데요!

만약 한국에 있으면서 원어민과 만날 기회가 있다면, 부담 갖지 말고 즐기라고 말해주고 싶어요. 영어를 잘해야 한다고 부담을 느끼기보다는 오늘은 영어를 연습해볼 기회라고 생각하는 거예요. 물론 비즈니스 상황에서는 상대가 나를 어떻게 평가할까 싶어 부담이 되겠지만, 사적인 자리라면 좀 더 마음을 편히 가져보면 좋겠습니다. 최근에 저는 미국 회사 면접을 보고 있는데 영어 인터뷰가 정말 재밌습니다. 공짜로 영어 연습한다고 생각하면 인터뷰 내내 긴장도 덜 되더라고요. 지금 영어를 잘하고 못하는 게 중요한 게 아니라, 장기적으로 영어 연습을 많이 해서 영어를 점점 잘하게 되는 것이 더 중요한 일이니까요. 상대를 평가 상대로 보지 말고 연습 상대로 생각하세요. 그렇게 일상을 영어로 사고하면서 영어 하는 사람과의 접점을 계속 키워가는 겁니다.

스피치 연습 동호회인 토스트마스터스 클럽에 나가서 영어 발표 연습을 매주 해보기도 하고, 퇴근 후나 주말이면 외국인 친구들과 모임을 만들어 등산, 요리, 박물관 방문 등 취미 활동도 같이 해보세요. 저는 미국에서 meetup.com이란 사이트에서 목요일 달리기 모임과 화요일 글쓰기 모임을 해보기도 했답니다. 한국에도 이런 모임이 생각보다 많으니 부지런히 찾아 다녀보는 거예요. 그런 모임에서 내가 배우고 외웠던 표현을 맘껏 해보는 겁니다. 처음에는 매우 떨리고 어색하겠지만 '어색한 건 잠시, 영어는 영원한 내 재산'이라는 생각을 합니다.

그리고 그 자리에서 내가 새로 배운 표현이 입에서 술술 나오도록 반복해 써봅니다. "잘 지냈어?" 하는 인사말도 "How are you?" 말고 여러 다른 버전으로 시도해봐요. "What are you up to?" "What have you been up to?"라는 표현을 배우면 이 표현을 쓰고 싶어서 사람을 만나고 싶어집니다. 그냥 배우는 것보다 상황에 맞게 실습해보면 훨씬 더 오랫동안 기억할 수 있거든요.

영어를 말할 수 있는 기회가 생겼을 때 피하지 않고 오히려 그런 기회를 끊임없이 만들려고 애쓴다면, 충분히 영어를 생활화할 수 있습니다. 긴장되고 어렵겠지만 일단 한번 부딪혀보고, 틀리면 고쳐서 반복해 연습합니다. 영어 한마디 틀렸다고 해서 상대가 나를 우습게 보지는 않을지, 실례가 되지는 않을지 너무 걱정하지 않아도 됩니다. 일상을 영어 연습의 장으로 생각하면, 실전이 아니라 연습이라고 생각하면 마음이 조금 편할 거예요. 그리고 기회가 있을 때마다 반복해서 연습합니다. 배운 문장을 한 번만이라도 써먹어볼 수 있다면 그걸로 성공이에요. 그렇게 매일의 작은 성취가 모여 점진적으로 발전할 겁니다.

가장 좋은 교재는 '덕질'이다

좋아하는 콘텐츠를 영어로 '덕질' 하기

영어 공부법이 수만 가지가 있다 해도 자기가 스스로 하지 않으면 아무 소용이 없습니다. 일단 시작해보세요. 로또를 사면 수백만 분의 1이라도 당첨될 확률이 생기지만, 사지 않으면 제로 확률인 것처럼, 제아무리 좋은 방법도 안 하면 소용이 없습니다. 영어 공부를 할 때 꼭 검증된 방법 하나를 고집할 필요는 없는 것 같아요. 스스로에게 맞는 학습법을 찾으면 꾸준히 하는 것이 중요합니다. 혹시라도 하나의 학습법이 지겨워졌다면 다른 방법으로 옮기더라도 영어 공부를 '지속하는' 것이 핵심입니다. 뭐든 효과를 보려면 꼭 3주 이상은 해야죠. 그래야 습관으로 자리 잡으니까요.

십수 년째 영어와의 사투 끝에 얻은 결론은 자기에게 맞는 콘텐츠나 공부법을 찾았다면, 그것을 '꾸준히 해야 한다'는 것입니다. 시중에 수많은 공부법 책을 읽고 난 뒤에도 자신의 영어에 변화가 없었다면, 그건 그 방법이 잘못되어서가 아니라, 그 방법을 알고도 '해보지 않아서' 그런 것입니다. 방법을 '아는' 것과 '하는' 것은 다릅니다. 영어 콘텐츠를 그냥 듣는 것과 말해보는 것은 천지 차이인 것처럼요.

습관처럼 매일 영어를 하다 보면 진정성과 열의를 잃게 되는 날이 생각보다 자주 찾아와요. 100번 듣고 말하기든 섀도잉이든 공부 방법에 질리기도 쉽고요. 그러니 기왕이면 재미있는 교재와 공부법으로 해야 영어를 더 오래 할 수 있겠죠? 칸 영화제에서 뛰어난 통역으로 세간의 주목을 받은 샤론 최의 공부법이 그러했다고 합니다. 위트 있고 함축적인 봉준호 감독 특유의 표현에서 의도를 간파해 전달하는 뛰어난 통역 실력을 가진 그는 놀랍게도 영어 원어민이 아닙니다. 초중고등학교를 한국에서 나오고 미국 대학으로 유학을 간 사람이었습니다. 어떻게 자신의 영어를 그러한 경지까지 끌어올렸는지 그 비법을 묻는 인터뷰 질문에 그는 이렇게 답했습니다. "덕질이 최고의 언어 공부 방법이에요."

그는 영어를 공부라고 생각하지 말고 좋아하는 것을 영어로 즐기라고 조언했습니다. 독서광인 그는 좋아하는 책의 영어 원서와 한글 번역본을 비교하면서 읽는 재미에 푹 빠졌었다고 해요. 그렇게 영어 책을 읽고 쓰는 것을 즐기게 되었다고 합니다. 특히 좋아하는 주제에 대해 방송하는 라디오나 팟캐스트, 유튜브 같은 걸 끊임없이 들었다고 하니, 영어 공부를 한 게 아니라 좋아하는 걸 영어로 즐겼던 셈입니다.

마인드셋 4단계 기억하나요? 관심 있는 콘텐츠를 영어로 읽고 보라고 이야기했죠. 영어 공부를 한다기보다 '덕질'하는 느낌으로 시작하면, 영어에 몰입할 수가 있습니다. 저는 법정 스릴러물의 대가인 존 그리샴을 좋아해요. 그의 소설이 영화로도 많이 만들어졌는데, 〈의뢰인〉〈레인메이커〉〈펠리컨 브리프〉 등 그의 작품을 원작으로 한 영화들을 정말 외울 때까지 반복해서 봅니다. 책으로도 읽고, 오디오북으로도 듣는 건 당연하고요. 캐릭터 설정이나 스토리텔링, 그리고 사건이 일어나는 장소에 대한 설명 등이 정말 몰입도가 높아서 영어 공부에 큰 도움이 되었습니다.

사실 제아무리 재미있는 콘텐츠도 반드시 지겨워지는 날이 옵니다. 그런데 저는 지루해도 하다 보면 흥미를 다시 되찾는 때가 온다고 믿어요. 타성에 젖어서 한다는 말이 있죠. 하기 싫은데 억지로 꾸역꾸역 영혼 없이 하던 일을 계속하는 것에 대해 사람들은 부정적으로 말하지만, 저는 그렇게 생각하지 않아요. 세상에 위대한 일은 하기 싫은 일을 계속할 때 이뤄진다고 믿기 때문입니다. 중단하지 않고 계속하다 보면 어느덧 또 재미가 돌아옵니다. 운동도 공부도 직장생활도 하고 싶은 날보다 하기 싫은 날이 더 많은 법이죠. 누군가가 성공했다면 그 사람은 하기 싫은 일을 더 오래 한 사람이라고도 생각해요.

영어도 마찬가지 아닐까요? 제아무리 즐거운 콘텐츠로 재밌게 공부해도 지겨워지는 순간이 반드시 옵니다. 포기하고 싶은 마음이 굴뚝같을 때 그 위기를 뛰어넘는 방법은 '잠시 쉬는' 것이 아니라 '계속하는' 거예요. 뚜벅뚜벅, 지겹지만 타성에 젖어서 해보는 거죠. 그렇게 하다 보면 어느덧 다시 재미를 되찾을 수 있는 길이 보일 겁니다.

나에게 필요한 교재는 내가 만든다

제가 구글 본사 커뮤케이션 팀에서 일했다고 하면, 다들 제가 언어 능력을 타고 났으리라고 생각하지만 절대 그렇지 않습니다. 정말 인사하는 것조차 너무 어려웠던 사람이에요. 대학교 2학년 때 뒤늦게 고등학교 영어 문법을 익히기 위해

노량진 재수학원에 등록했을 정도니까요. '와, 서울 애들은 다들 이렇게 쪽집게 공부를 하고 있었구나!' 그때의 배신감 이 생생합니다. 당시만 해도 저는 새로운 단어와 숙어를 많 이 외우면 영어를 잘하게 될 줄 알고 영단어집을 손에서 놓 질 않았습니다. 방학 때마다 어휘 2만 2,000개를 가르쳐주는 〈VOCA 22000〉 특강에 이어서 〈VOCA 33000〉 같은 특강 을 들으면서 단어만 외웠죠. 그때 재수학원 영어 선생님은 단 어를 많이 몰라도 문장 구조와 패턴만 알면 문장 해석이 훨 씬 쉽다는 걸 깨닫게 해줬습니다. "아, 그렇구나! 내가 이것 도 모르고 무식하게 단어만 외웠으니!" 지금 생각해도 내게 필요한 공부가 무엇인지 깨닫지 못한 채 단어 외우기만 집착 했던 그 시간이 아깝기만 합니다.

세상에는 영어 공부 책이 참 많습니다. 100일이면 영어를 완성할 수 있다는 마법 같은 공부법도 있고, 화려한 언변의 강사가 60개, 100개의 패턴을 알려주면서 외우기만 하면 어 떤 영어도 커버할 수 있다고 강조하는 책도 있어요. 그런데 저에게는 그런 방법들이 별 효과가 없었습니다. 세상에 잘 만 든 영어 교재와 유튜브 콘텐츠는 너무 많지만, 지금 내 필요 에 맞는 교재와 콘텐츠를 찾는 게 먼저입니다. 어떤 사람은 기초 문법부터 정리해야 하고, 어떤 사람은 어휘가 부족하고, 어떤 사람은 독해는 뛰어난데 듣기와 말하기가 잘 안 될 수도 있잖아요. 대학교 때 제게 필요했던 건 새로운 단어가 아니라 영어의 구조를 터득하게 해줄 문법과 패턴 공부였던 것처럼, 자신이 지금 필요로 하는 영어가 무엇인지를 깨닫는 게 먼저입니다.

요즘 저에게 가장 쓸모 있는 교재는 바로 제가 하루 종일 매의 눈으로 수집한 표현 모음집입니다. 아침에 영어 오디오북을 들을 때 모르는 표현을 캡처해놓은 휴대전화 화면, 동료가 보내온 이메일에서 발견한 매끄러운 표현이나 새로운 단어, 명문장을 필사하면서 배우게 된 인상적인 문장 구성과 단어 선택법, SNS 댓글을 보면서 알게 된 젊은 세대들이 자주 쓰는 약어나 슬랭, 뉴스 헤드라인에 나온 단어나 표현, 그동안 내가 발음을 완전 잘못 알고 있거나 잘 떠오르지 않았던 말, 영어 튜터링 시간에 선생님께 물어볼 내용까지…… 이 모든 것을 정리합니다. 그리고 잊지 않고 반드시 적어놓는 게 '오늘의 실수담'입니다. 실수를 통해 배운 것은 절대 잊어버리지 않으니까요.

물론 한번 정리한다고 다 외워지는 게 아니어서 같은 단어와 표현을 몇 번씩 다시 정리할 때도 많습니다. 올해 초에 '너무 잘해서 다른 사람을 압도하다'라는 의미로 '완전 죽인다' '찢었다' 이런 느낌의 슬랭 단어를 외운 적이 있는데, 어제는 생각이 안 나는 거예요. 그래서 검색해보니 slay라는 단어가 뜹니다. 그럼 다시 한 번 정리해두죠. You slayed that presentation!(너 발표 찢었어!) Her outfit was slaying!(그녀의 옷차림이 완전 멋져!)

이렇게 매일의 일상을 영어라는 필터로 새롭게 들여다보면서 발견하게 된 영어, 그리고 내가 알고 싶고 궁금한 것들을 저만의 기준에 따라 모은 것이 나만의 교재입니다. 이 모음집은 검색도 되기 때문에 필요할 때마다 찾아볼 수 있다는 장점도 있습니다. 이렇게 자기만의 교재를 만들어가는 재미를 한번 붙여보세요. 이 노트를 만드는 데 고작 30분밖에 들지 않아요. 하루 일과를 마무리하며 책상에 앉아 30분 정도 투자합니다. 일상 속에서 그러모은 '영어'를 정리하다 보면 일기를 쓰는 기분도 듭니다. 또 그렇게 모은 영어는 내게 진짜 필요한 것이니 머릿속에도 훨씬 쏙쏙 잘 들어오죠. 새롭게 터득한 어휘로는 예문을 만들어보고, 자주 틀리는 문법도 문장을 통해 복습합니다. 자기만의 교재를 만들면서 튜터의 도움을 받을 수 있다면 더 좋은 효과를 기대해볼 수 있죠.

그렇게 매일 꾸준히 A4 용지에 적은 노트를 4년간 모아보니 4,000장이 넘었습니다. A4 용지 한 장은 존재감이 없지만, 차곡차곡 꾸준히 4,000장이 모이면 복사 용지 네 박스가 나옵니다. 그만큼 당신의 영어는 발전해 있겠지요. 그렇게 매일 한 장씩 쌓아가면 되는 겁니다

퍼블릭 스피치로
영어 울렁증을 극복하자

발표 공포증, 영어 때문일까?

여러 사람들 앞에서 영어를 말할 생각만 해도 속이 울렁거리린다면, 그건 영어 때문이 아닐지도 모릅니다. 미국의 한 여론조사에 의하면, 사람들이 가장 두려워하는 것 1위가 '퍼블릭 스피치'라고 해요. 그런데 2위가 뭔지 아세요? 죽음입니다. 그러니까 사람들은 퍼블릭 스피치를 죽음보다 더 두려워한다는 거죠. 퍼블릭 스피치에 대한 두려움이나 공포증을 말하는 단어도 따로 있는데요, 글라소포비아glossophobia입니다. 대중 앞에 서서 얘기하려면, 먼저 머리가 하얘지고 호흡이 가빠지고 목소리가 떨리고 무릎이 떨리고 말문도 막혀버리는 거죠.

그런데 이런 공포증은 꼭 수백 명의 대중 앞에 섰을 때만 나오는 게 아니라 10명 혹은 더 적게는 5명 정도 모인 회의에서 말 한마디 할 때도 영향을 미칩니다. 다른 사람들의 시선이 의식되고 긴장되어서 하려던 얘기를 제대로 못하는 것이죠. 저도 그랬어요. 일대일 미팅은 잘하지만 좀 큰 미팅에서 발표해야 할 때는 늘 울렁증이 있었습니다. 특히 미국으로 와서 모든 것을 영어로 해야 하니 더 심해졌고요.

그래서 제가 미국에 오자마자 시작한 취미가 바로 '퍼블릭 스피치'입니다. 한국을 포함하여 전세계 150여 개국에 있는 유명 스피치 동호회인 '토스트마스터스 클럽'에 가입한 거죠. 퍼블릭 스피치는 자신이 가진 지식과 경험을 살아 있는 이야기로 만들어 듣는 사람의 마음을 움직이게 하는 말하기입니다. 30여 년간 평사원에서 시작해 구글 본사 디렉터 자리에 오르기까지, '아, 다른 건 몰라도 이런 능력은 키워야 하는구나' 하고 필요성을 느꼈던 업무 능력 중 하나가 바로 퍼블릭 스피치였습니다.

대중 연설 하면 미국에서는 TED 강연이 유명하고 한국에서는 세바시(세상을 바꾸는 시간)가 대표적입니다. '영어 말하기도 힘들어 죽겠는데, 내가 스티브 잡스도 아니고 무슨 대중 연설이야?' 하는 생각이 들 겁니다. 저도 그랬으니까요. 그런데 퍼블릭 스피치 동호회에 들어가서 4년 정도 연습한 결과, 퍼블릭 스피치 연습은 강연 발표부터 회의 자리에서 자기 의견을 말할 때나 토론할 때, 그리고 스몰토크에서조차도 큰 변화를 가져올 정도로 강력한 효과가 있습니다.

단순히 내용을 정확히 전달하는 것만이 커뮤니케이션이 아니라는 걸 여러분은 잘 알 겁니다. 말하는 이의 태도와 말투 그리고 필요에 따라 음성의 높낮이와 크기를 자유자재로 조절하고, 때로는 빠르게 때로는 느리게 혹은 충분히 쉬어주는 말하기의 기술은 상대에게 설득력 있게 의사를 전달하는 데 도움이 됩니다. 이를 연습하는 것이 바로 퍼블릭 스피치입니다. 크게 소리 내어 발표하는 연습을 하면서 말하는 기술을 적재적소에 사용하는 법을 알게 되죠. 이를 영어로 연습하게 되면, 우리가 듣거나 말하기 할 때 알아차리기 가장 힘들었던 연음이나 억양 등도 훨씬 더 빠르게 습득할 수 있어요.

무엇보다 많은 연습을 통해 여러 사람 앞에서 발표할 때 긴장과 공포를 떨쳐낼 수 있습니다. 수백 명이 모이는 팀 전체회의나 워크숍 등에서 발표할 기회가 주어질 때도 자신 있게 자원할 수 있게 되죠. 이미 여러 명 앞에서 스피치 연습을 해왔기 때문입니다. 연습으로 생긴 배짱과 자신감은 그 어떤 긴장감도 물리칠 수 있는 강력한 무기가 됩니다.

이런 퍼블릭 스피치 프로그램으로 가장 유명한 단체가 토스트마스터스 클럽입니다. 토스트마스터스 클럽은 회원제로 운영되지만 게스트 참여도 가능한 열려 있는 클럽으로, 일주일에 한 번 그 주에 정해진 주제를 가지고 스피치 연습을 해요. 60~90분 정도 진행되며, 세 부분으로 나뉘어 있습니다. 6~8분짜리 준비된 스피치 3개를 발표하는 준비된 스피치prepared speech 시간, 1~2분짜리 짧은 즉석 스피치를 하는 테이블 토픽 스피치table topic speech 시간, 그리고 마지막으로 공식 스피치에 대한 2~3분짜리 평가 스피치evaluation speech 시간으로 구성돼 있어요. 세 영역 모두 의미가 있고 도움이 되지만, 이 모임의 하이라이트는 참가자가 미리 자원해서 6~8분 길이로 발표하는 '준비된 스피치 시간'입니다.

이 스피치를 하고 난 직후에는 미리 정해진 평가자speech evaluator가 2~3분간 피드백을 해주는데, 다음에 더 나은 스피치를 하기 위한 구체적인 조언을 해주기 때문에 발표 실력 향상에 매우 큰 도움이 됩니다. 예를 들면 발표 내내 목소리 크기와 높낮이, 속도를 똑같이 유지하면 듣는 이들이 끝까지 집중할 수 없다고 피드백을 주거나, "Uh," "Um," "You know,"와 같은 불필요한 말 대신 0.5초라도 아무 말을 하지 않는 게 더 낫다는 조언도 해줍니다. 물론 6~8분 분량의 영어 원고를 쓰는 것은 스토리텔링 구성과 영어 쓰기 능력 향상에도 많은 도움이 됩니다. 저는 그동안 이 준비된 스피치에 45번을 나갔습니다. 4년 동안 한 달에 한 번 꾸준히 퍼블릭 스피치를 해온 셈입니다. 우리 클럽에서 가장 많이 발표한 사람이 저였습니다.

퍼블릭 스피치, 리더의 조건

제가 몸담고 있는 마운틴뷰 클럽은 실리콘밸리에서는 유일하게 온/오프 모임을 모두 운영하는 클럽으로 유명합니다. 회원 가운데 구글, 아마존, 넷플릭스 등에서 일하는 이들이 많습니다. 놀랍게도 신입사원부터 임원까지 직급도 다양합니다. 그리고 왜 클럽에 들어왔냐는 질문에 한결같이 이렇게 답합니다. "회사생활에 도움이 될 것 같아서요." 심지어는 매니저가 꼭 해보라고 해서 왔다는 사람도 예닐곱 명이 됩니다.

그도 그럴 것이 직장생활을 하다 보면, 일대일 혹은 소규모 회의에 참여해서 발언해야 하고, 직급이 올라가면 올라갈수록 적게는 수십 명, 많게는 수백 명 앞에서 발표할 일이 더 많아집니다. 팀장으로서 팀이 이룬 성과를 발표하게 되기도 하고, 일정한 의제를 주제로 피칭을 하게 될 때도 있고, 제품 출시 전에 전사적으로 공유하는 프레젠테이션을 할 수도 있죠.

고위직으로 갈수록 이 스피치 능력은 점점 더 중요해져서 디렉터가 되면 기자 간담회며 포럼, 각종 행사 등 공적인 자리에서 회사를 대표하여 발표할 일이 상당히 많아집니다.

그런데 구글에 들어와서 보니, 이 스피치 능력은 어떤 부서에 있든 어떤 직급에 있든 모든 사람에게 정말 필요한 능력이더군요. 영미권이나 유럽에서 온 동료들은 마치 타고난 것처럼 퍼블릭 스피치를 참 능숙하게 잘하는 거예요. 많은 사람들 앞에서 유창하게 영어로 말할 뿐만 아니라, 좌중을 장악하는 스피치 기술 자체가 뛰어납니다. 비단 고위직 임원만 그런 게 아니라 평사원들도 발표에 나서는 데 큰 두려움이 없고, 막상 연단에 올라가서도 여유 있게 농담을 해가며 자신의 의견을 막힘없이 말합니다. 한때 화상 회의 자리에서 영어로 발표하는 것조차 부담스러워했던 저에게 동료들의 스피치는 하나같이 스티브 잡스의 명연설처럼 보였습니다.

동료들의 뛰어난 스피치 실력이 빛을 발하는 때는 바로 전세계 팀이 모두 모이는 부서 단위의 콘퍼런스입니다. 구글 커뮤니케이션 팀도 1년에 두어 차례 전 세계 혹은 아시아태평양 지역 팀원들이 모이는 콘퍼런스를 개최합니다. 이런 자리에는 그룹 토론과 발표 활동이 빠지질 않는데, 대표적으로 한 테이블에 둘러앉은 10명이 한 조가 되어 그룹 토론을 하고 발표하는 세션이 있습니다. 서로 질세라 떠드는 치열한 그룹 토론이 끝나면 자원한 조장이 무대에 올라가 수백 명 앞에서 그룹에서 나눈 내용을 발표해야 하죠. 흥미롭게도 이때 꼭 자신 있게 자원하는 사람들은 영미권이나 유럽 사람들이에요. 그에 비해 유독 한국, 중국, 일본 사람들은 절대로 자원하지 않아요. 물론 저를 포함해서요. 영어를 못해서 그런 걸까요? 물론 그것도 맞겠지만, 영어를 곧잘 하는 친구들도 절대 앞에 나서지 않습니다.

왜 이런 차이가 벌어질까요? MBTI의 E와 I의 차이일까요? 물론 자신감은 성격에서 기인하기도 하지만, 저는 훈련의 차이라고 생각합니다. 서양에서는 아리스토텔레스의 수사학을 비롯해 고대 그리스의 학문적 전통에서 스피치 교육을 매우 중시했다고 하죠. 이를 이어받은 영미권, 유럽식 교육에서 퍼블릭 스피치는 매우 중요하게 다뤄지는 데 비해, 한국을 비롯한 아시아권 교육 과정에서는 상대적으로 비중이 적은 편입니다. 훈련할 기회가 없었던 거죠. 이건 영어 스피치만의 문제는 아니에요. 영어를 잘한다고 해서 사람들 앞에서 말할 수 있는 능력이 갑자기 생기는 건 아니거든요. 영어로든 한국어로든 사람들 앞에서 말하는 것에 대한 부담을 지우려면 더 많이 말해보는 반복 연습이 필요합니다.

토스트마스터스 모임에 나간 첫 1년 동안은 매달 발표만 다가오면 너무 긴장이 되어서 만들어둔 스크립트를 달달 외워버렸습니다. 그렇게 발표하고 나면 내가 연설을 했다기보다 외운 걸 줄줄 쏟아내고 내려왔다는 느낌을 지울 수 없었습니다. 그런데 1년간 열 번 이상 스피치를 하다 보니 청중의 마음을 움직이는 스피치란 어떤 것인지 감이 잡히더군요. 퍼블릭 스피치는 마치 무대 위의 무용수처럼 얼마나 자기 공간을 적극적으로 활용하면서 존재감을 드러내느냐가 정말 중요합니다. 많은 사람들을 한자리에서 설득하려면 사람들이 내 공간에 머물면서 내 이야기에 귀 기울이게끔 만들어야 합니다. 제일 먼저 유머든 귀를 솔깃하게 하는 후킹이든 심오한 질문이든 사람들이 흥미로워할 만한 이야기로 내 공간에 초대해야 하죠. 비언어적 표현도 중요해서 손짓을 하거나 걸음을 옮기면서 시선을 집중시키고, 잠깐의 침묵으로 집중하게 하는 등 완급을 조절하면서 이야기의 신뢰도를 높여나갑니다. 그렇게 공간을 가지고 이야기할 때 발표자로서의 권위가 살아나는 것이죠.

45번의 퍼블릭 스피치,
새로운 나를 발견하다

토스트마스터스 클럽에서 45번의 공식 스피치를 하고 나니 발표 연습만 는 게 아니었어요. 타고나기를 숫기가 없었던 저는 학교 친구들에게 말 한마디도 걸지 못해 소풍 때 점심을 혼자 먹었던 사람이에요. 대학에 가서 들었던 토론 동호회에서도 내 자신을 드러내기보다 묵묵하게 남의 의견을 들어주는 게 익숙했고, 왜 나는 이렇게 제대로 내 얘기도 못하나 속상해하곤 했어요. 내가 그렇게 재미없고 생각이 없는 사람인가 하면서 말이에요.

그런데 4년 동안 스피치 훈련 끝에 발견한 건, 내가 굉장히 유머러스하고 재밌는 얘기가 넘쳐나는 사람이라는 사실이었어요. 스피치가 끝나면 로이스의 이야기는 재미있고 유머가 넘치고 표현도 다채롭다는 평을 들었습니다. 말은 해야 늘 듯이, 나에 대해 이야기하는 훈련을 하다 보면 재미있는 이야기를 더 많이 발굴하게 될 거예요. 이야깃거리가 넘칠 겁니다.

지난해 첫 책을 출간한 뒤 저는 여러 방송과 강연 무대에 설 수 있었습니다. 수십 만 조회수가 나오는 영상의 주인공이 되었죠. 어떤 외국계 기업에서 영어로 무려 두 시간짜리 강연도 했습니다. 예전의 저라면 전혀 상상도 하지 못했을 일인데, 어쩐지 겁이 나기는커녕 무대에 서는 게 즐거웠습니다. '내가 못하면 어쩌지, 실수하면 망신스러울 텐데' 하는 생각은 별로 들지 않았어요. 훈련이 만들어낸 또 다른 자아가 있는 것처럼 느껴졌습니다. 용기 내서 사람들 앞에 나서지 않았다면 절대 그런 모습을 발견할 수 없었을 거예요.

회사 워크숍이든 독서 토론 모임이든 사람들 앞에 설 기회가 있을 때 두려워하지 말고 당당히 나서서 자기 존재를 드러내세요. 저도 영어 수업을 들을 때나 문법 생각하고 발음 따지지, 실전에서는 개의치 않고 무조건 쏟아냅니다. 자기 공간을 장악하고 청중과 눈을 맞추면서 여러분이 가진 깊은 생각과 역량을 자기만의 흥미로운 스토리텔링으로 전달하는 겁니다. 한국어로든 영어로든 사람들 앞에서 자기 이야기를 할 수 있는 기회를 일부러 많이 만들어보세요. 그렇게 스스로를 사람들 앞에 세우는 훈련을 하다 보면, 어느 날 갑자기 대중 앞에서 서야 할 때 자신 있게 그 기회를 꿰차고 무대로 당당히 올라갈 수 있을 겁니다.

쓰기 연습으로 영어를 더 정교하게

영어 실력이 '확' 느는 쓰기 훈련

구글 커뮤니케이션 팀 업무의 가장 핵심은 메시지를 만들고 그 메시지를 어떻게 전달할 것인가 계획하고 실행하는 것입니다. 어떤 프로젝트가 시작되면 가장 먼저 하는 일이 빈 워드 문서를 열고 그 문서를 채워나가면서 커뮤니케이션 계획을 세우는 거죠. 모든 문서는 우리 팀뿐만 아니라 다른 팀과도 공유되기 때문에 문서 작성은 신중해야 합니다. 그렇게 하루에도 10개 이상의 문서를 만들었던 것 같아요. 쏟아지는 메일에 대한 회신과 시도 때도 없이 울리는 채팅창에 타이핑을 하다 보면 손가락 마디가 얼얼했습니다.

당연히 이 모든 것을 영어로 해야 하는 것이 미국에 와서 가장 달라진 점입니다. 이렇게 영어를 할 때 한두 번의 실수는 괜찮다고 넘어갈 수 있지만, 내가 가장 잘하는 전문 분야에서 그것도 디렉터가 어색한 문장이나 표현을 반복하면 신뢰도와 설득력이 떨어진다는 생각에 늘 최선을 다했습니다. 업무 현장은 영어 네이티브인지 아닌지에 아무도 상관하지 않고 계급장 떼고 실력으로 승부하는 곳이니까요. 한국에서 익숙해진 비원어민을 위한 '배려 영어'라는 것도 당연히 없고요.

쓰기는 실력이 향상되기까지 말하기나 듣기보다 더 많은 시간이 필요하고 다른 사람(튜터)의 도움이 필수이기에, 저처럼 직업적으로 꼭 필요하거나 공부하는 데 당장 필요하지 않다면 영어 쓰기에 우선순위를 두기는 참 어렵습니다. 하지만 지난 4년간 미국에서 지내면서 블로그든 메일이든 끊임없이 영어로 쓰기 연습을 하면서 체감한 것은 영어 쓰기가 영어 실력을 점프시키는 데 정말 효과적이라는 것입니다. 수동적으로 콘텐츠를 수용하는 듣기나 읽기에 비해 말하기와 쓰기는 콘텐츠를 만들고 그것을 상대에 맞춰 전달하는 능동적이고 창조적인 활동입니다. 쓰기 능력이 향상되면 말하기 능력도 함께 오른다고 볼 수 있죠. 저는 구글에서 스스로 매일같이 고강도의 쓰기 훈련을 하면서 영어 정확성을 높이고 정교하게 다듬을 수 있었습니다.

쓰기와 말하기가 능동적인 활동이라는 공통점이 있지만, 또 가장 큰 차이점은 쓰기에는 시간을 가질 수 있다는 점입니다. 좀 더 나은 표현과 단어를 고를 시간이 있고, 다시 검토하면서 잘못된 부분을 수정하고 정확성을 기하며 문장을 정교하게 만들 수 있지요. 우리가 새로운 단어나 표현을 학습하더라도 말할 때 바로바로 써먹긴 어려운데, 쓰기를 할 때는 그것들을 활용할 기회가 훨씬 많습니다. 예를 들어 최근에 cacophony(불협화음 혹은 듣기 싫은 소음)이나 ephemeral(일시적인)이라는 단어를 알게 되었는데, 아직 입에 착 붙지는 않지만 쓰기에서는 아래처럼 활용해볼 수 있었어요.

During rush hour, the cacophony of car horns and sirens in San Francisco is ear-shattering.(샌프란시스코 출퇴근 시간에는 차량 경적과 사이렌 소음으로 귀가 찢어질 것 같아.)
The beauty of the sunset was ephemeral; it lasted only a few moments before the sun disappeared.(일몰의 아름다움은 잠깐이었다. 해가 사라지기 전 잠깐 동안만 볼 수 있었다.)

배운 어휘를 반복 학습하고 실전처럼 활용해보는 데 쓰기는 매우 유용한 무대가 될 수 있습니다.

반복되는 영어 실수를 줄이려면

쓰기 연습의 두번째 장점, 말할 때 나도 모르게 나오는 실수를 줄이는 훈련을 할 수가 있습니다. 말할 때 누락하기 쉬운 관사, 명사의 단수, 복수, 시제 등을 하나하나 짚어가면서 퇴고하다 보면, 보다 정확하게 말하는 법을 익힐 수 있죠. 말할 때 늘 실수하던 것들도 쓰기를 하다 보면 새삼 다시 깨닫게 됩니다. 예를 들면 change라는 비교적 쉬운 동사를 아래 두 문장에서 어떻게 쓰는지 살펴봅시다. "최근에 상황이 급변했다"라는 말을 하려고 합니다.

Recently, the situation has changed drastically.
Recently, the situation has been changed drastically.

저는 그동안 change를 타동사로만 생각하고 사람이 주어가 아닐 때는 수동태로 말을 했는데, 영작하면서 보니 change를 자동사로 써야만 더 자연스럽다는 것을 알게 된 거예요. 수동태로 썼던 두 번째 문장은 어색한 문장입니다. 상황이 변화했다는 내용에 방점이 있기 때문에, 즉 누군가에 의해 바뀐 상황이 아니라면 자동사로 쓰는 게 맞는 거죠. 말할 때는 이런 실수를 수백 번 넘게 했을 텐데, 아무도 교정해주지 않으니 저도 모르고 그냥 넘어갔던 겁니다.

마지막으로, 쓰기를 통해 영어 스토리텔링 능력을 향상시킬 수 있습니다. 말하기보다 쓰기 연습을 할 때, 어떻게 하면 상대를 더 잘 설득하고 공감하게 만들 수 있을까 고민하면서 구조적으로 스토리 구성을 생각해보게 돼요. 글에 들어갈 일화는 어떤 게 좋을지, 비유는 어떤 걸 드는 게 좋은지 등을 섬세하게 확인해볼 수 있죠. 저는 이 쓰기 훈련을 위해 미디엄이라는 영어 블로그 플랫폼에 에세이를 써서 올리고 있습니다. 지난 3년간 40여 개 글을 올렸으니 월 평균 1개를 쓴 셈이네요. 글의 분량은 A4 3~4장 정도로, 여태까지 쓴 것을 다 합치면 책 한 권 분량이 됩니다. 영어로 된 나의 스토리가 그만큼 쌓인 것이죠. 이렇게 만든 스토리는 말할 때도 매우 중요한 '대본' 역할을 합니다. 몇 번씩 고치면서 쓴 글이기 때문에 그냥 바로 떠올릴 때보다 훨씬 더 자연스럽게 입에서 술술 나오거든요. 덕분에 저와 함께 있으면 재밌는 얘기들이 끊이지 않는다는 말도 듣게 되었어요.

아직도 갈 길이 멀지만 영어를 다듬고 정교하게 만드는 일은 마치 내 안의 세계에 몰입하고 경계를 확장시키는 명상 활동과도 같습니다. 처음엔 영어 쓰기 실력 향상을 위해 시작했지만, 쓰면 쓸수록 그 몰입하는 시간이 행복했어요. 쓰기에 대한 두려움을 버리고 그저 짧은 일기를 쓴다는 생각으로 쓰기 연습을 시작해보세요. 모든 글은 한 문장으로부터 시작하는 법입니다. 내 이야기를 쓰기 시작하고, 투박한 언어를 점점 더 정교하게 다듬으며 문장을 채워가는 그 기분을 여러분도 한번 느껴보면 좋겠습니다. 세상에 나의 이야기를 정확하게 전하는 경험을 통해 나의 세계를 한 걸음 더 확장시켜보는 것이죠. 그 한 걸음, 한 문장에서 시작한 경험이 당신을 어디로 데려갈지는 아무도 모르는 일이니까요.

AI 챗봇으로 영어 표현 익히는 팁

챗GPT나 구글의 바드^{Bard}와 같은 생성형 AI가 상용화되면서 우리가 언어를 배우는 데도 큰 변화가 일어나고 있는 게 사실입니다. 영어 학습은 이런 챗봇들의 도움을 더 많이 받을 수 있는 영역인 것이죠. 언어 학습의 다양한 영역 중에서도 쓰기에서 AI의 큰 도움을 받을 수 있습니다. 생성형 AI의 영어 쓰기 실력이 상당히 높은 편이기 때문이에요.

예를 들어 비즈니스 이메일을 써야 하는데 제대로 쓴 건지 고민이 된다면 내가 만든 초안을 AI 챗봇에 붙여넣고 proofread(교정하기)를 해달라고 요청해보는 것이죠. 좀 더 다른 버전으로 써보라는 rewrite(다시 쓰기)를 요청할 수도 있는데, 심지어 일상적인 문체와 공식적이고 사무적인 문체로도 교체할 수가 있습니다. 그동안 쓰기에 대한 불안함과 고뇌와 번뇌의 나날들이 이 생성형 AI 덕분에 구원받을 수 있었어요. 특히 촉박한 시간 안에 마무리해야 하는 영어 원고를 바로 검토받을 수 있고, 짧은 업무 이메일이라도 원어민의 검토를 받아봤으면 하는 경우에도 AI의 도움을 많이 받습니다. 3초 안에 해결되니까요.

AI 챗봇을 영어 공부할 때 활용하는 방법을 다룬 책과 웹사이트가 워낙 많아서 실제로 제가 유용하게 쓰는 것들만 간단히 소개해보겠습니다. 생성형 AI 답변이 100% 맞는 것은 아니지만 아래에서는 그대로 붙여넣기 했습니다.

think of라는 구문을 활용해 문장을 만드는 연습을 해보려고 합니다. 일단 스스로 먼저 예문을 만들어봅니다.

I am thinking of taking this job offer.(일자리 제안을 받아들일지 고민중이야)

그리고 이 문장에 오류가 없는지 확인하기 위해 명령어를 써넣습니다. 'proofread'라는 프롬프트를 넣어서 물어봅니다. "Proofread. I am thinking of taking this job offer." 그러면 챗봇이 확인해줍니다. 챗봇이 괜찮다고 하네요. 그다음은 rewrite를 해달라고 해봅니다. 내 문장을 다른 표현으로 고친다면 어떻게 쓸 수 있을지 알 수 있습니다. "Rewrite. I need to think of whether I will take this job offer or not." 그러면 이렇게 다시 써서 보내줍니다.

I am contemplating this job offer.

챗GPT가 제시한 새 문장을 보면서 '아, 이렇게도 말하고 표현할 수 있구나' 하죠. contemplate라는 단어도 복습하게 되고, accept a job offer라는 표현이 take a job offer라는 표현과 어떻게 다른지 한번 확인해보고 싶어집니다. 그래서 챗봇에게 다시 묻습니다. "What are the differences between accepting a job offer / taking a job offer?" 그랬더니 accept a job offer가 더 표준적인 표현으로 쓰이고, take a job offer는 일상적이고 비공식적인 상황에서 쓰인다는 답이 돌아옵니다. 다음 단계로, think of가 들어간 예문을 만들어달라고 합니다. 이런 식으로요. "creates some example sentences using "think of" in a context where there are many options and cannot decide one now." 그러면 챗봇이 아래와 같은 예문을 만들어줍니다.

The CEO is thinking of acquiring a competitor to expand the company's market share.(CEO는 새로운 시장 점유율 확대를 위해 경쟁사 인수를 고려하고 있다.)
The company is thinking of expanding into new markets. (회사는 새로운 시장으로의 확장을 고려하고 있다.)

이것을 읽으면서 '아, 이럴 때 사용할 수 있구나' 힌트를 얻습니다. 이제 다섯 번째는 think of를 넣어서 대화를 만들어달라고 합니다. "Write a conversation set where I can use "think of" in a context of choosing one from many choices." 그랬더니 챗봇이 아래처럼 대화를 만들어주었습니다. 아래 대화는 정말 제가 친구들에게 바로 써먹을 수 있는 예문입니다.

Person A: I'm thinking of starting my own business.
(창업을 할까 고민하고 있어.)
Person B: That's great! What kind of business are you thinking of starting?(좋은 생각이네! 어떤 일 시작하려고 하는데?)
Person A: I haven't fully decided yet, but I've been brainstorming a few ideas. I'm thinking of opening a bakery, or maybe a small clothing boutique.(아직 완전히 결정한 건 아니고 몇 가지 아이디어를 브레인스토밍하고 있어. 빵집을 오픈할지, 아니면 작은 옷가게일지.)

만약 비즈니스 상황 대화가 필요하면, make a dialog set in a business situation이라고 다시 프롬프트를 넣어보세요. 그랬더니 아래처럼 비즈니스 상황에 맞는 대화가 만들어졌습니다. 한번 쭉 읽어봅니다.

Person A: I've been thinking of expanding our product line. What do you think?(우리 제품 라인을 늘릴까 고민 중이에요. 어떻게 생각하세요?)

Person B: That's an interesting idea. Have you thought of the potential market demand for the new products?
(흥미로운 아이디어네요. 새 제품에 대한 잠재적 시장 수요는 생각해봤나요?)

Person A: Yes, I've been carefully considering the market trends and customer feedback.(네, 마켓 트렌드와 고객들 반응을 주의 깊게 고려했어요.)

Person B: Great. If you need assistance in analyzing the data, feel free to reach out.(좋아요. 데이터 분석에 도움이 필요하면 언제든 연락주세요.)

이렇게 챗봇을 활용해서 작문하기write, 교정하기proof-read, 다시 쓰기rewrite, 예문 만들기examples, 대화 만들기conversations까지 다섯 단계를 거치면서 궁금한 표현에 대해 집중적으로 알아갈 수 있습니다.

중요한 것은 제일 처음 문장은 내가 만들어봐야 한다는 겁니다. 처음부터 챗봇에게 문장을 만들라고 하거나, 본인이 초안 작성한 것을 바로 rewrite 하라고 하지 않습니다. 초안은 본인이 꼭 먼저 작성하고, rewrite 하기 전에 본인이 쓴 게 어디가 틀렸는지 물어보는 proofread를 거치는 것을 추천드려요. 내가 고민해서 먼저 작문해보고 말하는 연습을 해야 더 빨리 내 것으로 만들 수 있습니다.

챗GPT와 구글 바드 두 탭을 나란히 열어두고 사용하면 좋습니다. 경험상 rewrite 등의 창작은 챗GPT가 더 유용한 것 같고, 선생님처럼 뭐가 틀렸는지 하나하나 가르쳐주는 건 바드가 잘하는 것 같아요. IT 기술을 잘 활용하면 영어도 더 스마트하게 할 수 있습니다. 물론 생성형 AI의 언어 실력이 완벽하지는 않다는 것을 꼭 기억해야 합니다.

PART 4

나답게 일할 수 있도록, 비즈니스 영어

We are what we repeatedly do.
Excellence, then, is not an act, but a habit.

우리가 반복적으로 하는 것이 우리 자신이다.
그렇다면 탁월함은 행위가 아니라 습관인 것이다.

—윌 듀런트(철학자)

일잘러의 영어는
더 정교해져야 한다

영어 말하기의 태도에 관하여

저는 가끔 원어민 친구에게 이렇게 묻곤해요. "내가 지금 말한 게 성인이 아니라 혹시 중학생 아이가 말한 것 같아?"라고요. 완성도가 떨어지는 영어 때문에 저를 어리숙하게 보거나 제가 하는 말에 권위나 신뢰성이 떨어질까 늘 걱정입니다.

우리는 일할 때 늘 사람을 대합니다. 동료, 상사, 거래처, 소비자 등 모두가 우리의 커뮤니케이션 대상입니다. 상대에 따라, 상황에 따라 정교하게 언어를 써야만 일이 문제 없이 수월하게 돌아가죠. 어떤 때는 캐주얼한 언어로 서로의 근황을 확인하고, 어떤 때는 회사나 팀을 대표하는 담당자로서 공식적인 언어를 쓰기도 하고, 어떤 때는 훨씬 겸양한 언어를 써야 할 때도 있습니다.

그런데 영어가 정교해지지 않으면 어느 상황에서나 늘 같은 표현, 같은 단어, 같은 느낌으로 말하게 돼요. 의도가 전달되었고 일만 잘 진행되면 되는 것 아니냐고요? 하지만 당신이 의도하지 않게 무례한 영어를 사용하거나 어색하고 부정확한 영어 때문에 어리숙하게 보인다면 어떨까요? 아이디어가 아무리 좋아도 진중하게 전해야 할 말을 중학생 같은 말투로 전한다면요? 최악의 경우 당신을 비전문적이라고 생각하거나 혹은 전달하려는 메시지보다 언어 수준에 신경을 빼앗길 수도 있지 않을까요?

언어는 자신의 세계를 투영하는 거울이자 자기 세계를 규정하는 프레임입니다. 누군가의 말하는 습관이 그 사람의 많은 것을 드러내는 동시에 그 사람의 세계를 확장시키기도 규정짓기도 하죠. 그건 외국어도 마찬가지인 것 같습니다. 영어가 초급에서 중급으로, 또 중급에서 고급으로 수준이 올라갈 때 영어로 내가 접할 수 있는 콘텐츠의 양이나 범위도 늘어나는 만큼 내 세계도 커질 수 있죠. 그리고 무엇보다 영어로 말하고 듣는 게 자유로워지면 한국어로 말하고 쓸 때와 다름없는 진짜 나를 보여줄 수가 있어요. 즉, 내 영어가 더 정교해

질수록 더 나답게 살 수 있게 되는 것이죠. 내 언어의 태도를 지킬 수 있기 때문입니다.

나답게 말하는 태도를 유지하면서 내가 생각하는 바를 오해 없이 정확하게 소통하는 것은 늘 중요하지요. 예를 들면, 나는 가벼운 농담과 함께 늘 상대를 유쾌하게 웃게 만들지만 무례하거나 도를 넘는 이야기는 하지 않는 태도, 혹은 상대에게 무언가 요구해야 할 때는 정확한 어휘로 차분하게 자신의 의사를 전달하는 자세처럼요. 반대로 그 태도를 유지하지 못하고 누군가에게 나도 모르게 무례한 말을 내뱉거나 직설적으로 말해버리면, '아, 나답지 않게 왜 그런 말을 했을까' 하고 후회하게 되곤 해요. 이는 영어에서도 마찬가지입니다.

나는 나답게 영어로 일하고 있을까

그런 기분 혹시 아나요? 내 존재가 바닥의 개미처럼 쪼그라드는 듯한 기분이요. 저는 영어를 할 때 늘 그랬습니다. 제가 영어에 목을 매는 이유였죠. 30대 후반까지만 해도 그런 기분을 느껴본 적이 별로 없었어요. 구글 코리아에 처음 들어갔을 때만 해도 물 만난 고기가 된 듯 모든 것이 완벽했죠. 아직 작은 규모였던 구글 코리아가 점점 더 많은 인재들을 만나 규모를 키워나갈 때, 마치 아이를 키우는 듯한 성취감도 들었습니다. 커리어를 시작하면서 저는 줄곧 제가 몸담은 분야에서 최고가 되려고 노력했습니다.

그런데 그때까지만 해도 조금 스트레스는 되지만 장애물이라고 생각하지 않았던 영어가 어느 순간 제 발목을 잡고 있다는 사실을 구글 코리아에 들어와서 깨닫게 된 겁니다. 마침내 나에게 꼭 맞는 회사에 들어왔다고 생각했는데, 영어 때문에 나의 역량을 제대로 드러내지 못할까 봐 매일매일 불안했습니다. 그리고 영어로 커뮤니케이션을 하는 동안은 늘 당당하고 자신 있었던 '로이스'라는 브랜드와 그 아우라가 쪼그라드는 느낌이었지요. 도저히 나답게 커뮤니케이션을 하고 있다는 생각이 들지 않았어요.

직장생활을 하며 가장 속상했을 때는 영어 때문에 나답게 말하고 나답게 일할 수 없다고 느낄 때였어요. 다름 아닌 해외 출장에서요. 눈떠서 잠드는 순간까지 모두 다 영어로 해야 하는 출장길에서는 한순간도 맘을 놓을 수 없는 긴장의 연속입니다. 내가 말하는 내용뿐 아니라 내 영어 수준으로 사람들이 나를 평가한다는 생각이 들면, 한마디 한마디 말할 때마다 마음을 놓을 수가 없어요. 수려한 영어를 구사하는 원어민 동료들 사이에서 한마디라도 해보려고 심혈을 기울여 툭 던진 제 영어는 전혀 세련되지 못했습니다. 특히 서로 지지 않으려는 듯 숨도 안 쉬면서 뱉어대는 대화에 끼어들기도 쉽지 않았습니다. 짧은 회의는 "I think so, too." "It's a good idea." "I agree with you." 같은 리액션만 하다가 제대로 한번 끼어들 새도 없이 후루룩 끝나버리기도 해요.

그래서인지 전 세계 커뮤니케이션 담당자들이 모이는 콘퍼런스에 가면 저는 갑자기 내성적이고 소심한 사람이 되어버립니다. 거리낌 없이 사람들에게 먼저 다가가고 낯선 이들을 하나로 모으는 것이 제 직장생활을 지탱한 큰 장점이었는데 말이죠. 다양하고 재밌는 주제로 식사 자리 대화를 주도하고, 언어의 묘미를 이용한 농담을 적재적소에 던지기도 하고요. 그런 반짝이고 또랑또랑했던 내 모습은 온데간데없고, 영어만 하면 다른 사람이 되어버리는 거예요. 특히 리더십 포지션으로 더 올라갈수록 적극적 소통 능력은 더욱 중요해지니 그런 이미지가 굳어질까 봐 늘 걱정이었죠. '세상 똑똑해 보이는' 동료 디렉터들과 제 자신을 비교하면서 '한 나라의 커뮤니케이션을 총괄하고 있는 내가 이것밖에 못하나, 아니면 내가 이들만큼 생각이 깊지 못한 것일까?' 별 생각이 다 들었습니다. 평소 친분이 있는 본사 동료가 미팅이 끝난 뒤 걱정스러운 표정으로 "로이스, 오늘은 컨디션이 별로 안 좋아 보여"라는 반응을 보낼 때면 "아, 시차 때문에 좀 힘드네" 하고 얼버무리곤 했어요.

출장에서 돌아온 제게 아이가 "엄마 출장 잘 다녀왔어? 일 잘했어?"라고 물어볼 때, "응, 엄마 일 잘하고 왔어"라고 답하면서도 늘 마음 한구석은 씁쓸했습니다. 나를 100% 보여주지 못한 게 속상하기도 했고요. 무엇보다 '나답지 않은 나'인 게 스스로 참 못나 보였습니다.

저는 깨달았습니다. 영어를 충분히 잘하지 못하면 내가 가진 능력을 100% 보여줄 수가 없다고. 나다운 모습으로 자신 있게 일할 수가 없다고. 하루하루 일하는 것이 즐겁지 않고 당연히 이런 것들이 장기적으로 업무 성과나 리더십에 영향을 끼칠 것이라고. 제가 그토록 영어라는 문제를 심각하게 받아들인 건, 나라는 사람을 제대로 분명하게 표현하고, 또 나다운 모습으로 세상과 소통하기 위해서였던 셈이죠. 오로지 나답게 생각하고, 나답게 말하고, 나답게 일하고, 나답게 살기 위해서 영어를 더 정교하게 다듬어가야겠다고 결심한 것입니다.

결정적인 뉘앙스의 차이

치명적인 영어 실수

구글 본사로 옮긴 뒤의 이야기입니다. 사실 제가 구글 본사로 이직하는 데 가장 큰 역할을 한 분이 바로 글로벌커뮤니케이션 팀의 SVP^{Senior Vice President}(총괄 부사장)이었습니다. 늘 제 제안에 귀 기울이시고 힘을 실어준 고마운 분이죠. 한번은 이 분과 일대일 미팅을 하는데, 제게 이런 말을 했습니다.

"로이스 당신 잘하고 있어요. 아주 자랑스러워요. 당신이 이 자리에 온 지 벌써 3년 되었죠? 그동안 많은 임팩트를 만들어냈어요. 지난 3년의 성과를 리포트로 정리해보면 좋겠어요. 그걸로 내가 리더십 팀에 로이스가 얼마나 큰 성과를 이루어내고 있는지 알리고 지지해줄게요. I will advocate for you and your work."

그의 말은 제가 한 일에 대한 깊은 신뢰를 드러내는 것으로, 나의 든든한 지지자가 되어주겠다는 의미였습니다. 이보다 기쁜 말이 있을까요? 없던 팀을 만들어 맨땅에 헤딩하는 격으로 시작했는데, 지난 3년간 우리 팀이 성장하는 과정을 믿고 지켜봐준 사람에게 인정받다니요. 이 미팅으로 한껏 고무된 저는 제 바로 위의 VP Vice President(부사장)와 일대일 미팅을 하며 이 일을 자랑 삼아 전했습니다. 이렇게 말했죠. "He told me that he would provide air cover for me and my work." 당시에 새로 배운 어휘를 활용해보기 위해 advocate 대신 air cover라는 단어를 사용했습니다.

그런데 제 말을 들은 VP가 갑자기 사색이 되면서 되묻는 것이 아닌가요. "아니, SVP가 로이스를 air cover 해준다고 했단 말이에요?" air cover의 사전적 의미가 '보호하다' '지지하다'는 의미로 advocate와 비슷하고 알고 있었던 저는 그의 질문에 자랑스럽다는 듯 "네!"라고 답했습니다. 그는 고개를 갸우뚱거리며 다시금 물었습니다. "정말 그가 air cover라는 단어를 썼어요?" 그제야 나는 아차 싶어서 말을 정정했습니다. "아, 그게 아니라 SVP가 'advocate for you and your work'라고 했어요."

VP는 그제야 안도의 한숨을 내쉬었습니다. 대체 왜 그런 반응을 보였던 것일까? 혹시 내가 모르는 뭔가가 있는 건가? 아니면 내가 한 말이 큰 오해를 불러일으켰을까? 전혀 영문을 알 수 없었던 저는 VP에게 물어봤습니다. "air cover와 advocate가 그렇게 다른 표현이에요?"

그러자 그가 답했습니다. "휴, 그게 얼마나 다른데요! 물론 둘 다 support(지지하다)라는 의미는 있지요. 그런데 air cover는 보호해준다protect 혹은 방어해준다defend의 라는 뜻이에요. 그래서 로이스가 뭔가 잘못하고 있는 것을, (혹은 위험한 일을 하고 있어서) 당신을 다른 사람으로부터 보호해주면서 지지해준다는 거예요. 반면 advocate은 당신이 (잘)하고 있는 것을 다른 사람에게 잘 지지해준다는 의미고. 뉘앙스가 완전히 달라요."

air cover: 다른사람으로부터 보호하면서 지지해줄게.
advocate: 일을 잘하고 있는 걸 사람들에게 알리면서 지지해줄게.

SVP는 '로이스가 잘하고 있다'는 의미에서 한 말이었는데, '네가 잘 못하고 있지만 다른 사람들로부터 보호해준다'

는 의미로 제가 잘못 전달한 셈이니 저의 직속 상사인 VP 입장에선 뜨악할 만했습니다. 만약 제가 air cover를 사용했을 때 VP가 되물어봐주지 않았다면 엄청난 오해를 살 뻔했습니다. 어휘를 선택할 때 정말 조심해야겠구나 다시 한 번 깨달았던 순간입니다.

또 하나 기초적인 표현인데 제가 꽤 오랫동안 잘못 썼던 게 있습니다. 근무 중에 '시간 될 때 뭐 좀 해줘'라는 요청을 메일이나 말로 할 때가 많거든요. 저는 공손하게 말한다고 해서 항상 if를 썼어요. 그런데 나중에 알고 보니 'if you have time'과 'when you have time'은 어감이 좀 다르더라고요.

If you have time, let's discuss your project in more detail.
(혹시라도 당신 시간 될 때 이 프로젝트에 대해 좀 더 자세히 얘기해봐요.) : 시간이 안 될 수도 있다는 가정하에.
When you have time, let's discuss your project in more detail. (시간 될 때 이 프로젝트에 대해 좀 더 자세히 얘기합시다.)
: 시간이 된다는 가정하에 상대방이 시간을 빼야 한다는 의미로.

그래서 특정한 시간을 지정한 건 아니지만 상대방이 뭘 꼭 해주기를 원할때는 when you have time을 써야 합니다. if 를 쓰면 상대방은 해도 되고 안 해도 되는 것으로 받아들일수 있지요. 그러면 이쪽에서는 한없이 기다리는 일이 생기는 거죠.

완성도 높은 영어를 향해

구글에는 매우 다양한 국적의 사람들이 있어서 작은 영어 실수는 웃으면서 넘어가는 편입니다만, 저 자신은 커뮤니케이션 팀에 있고 디렉터이기 때문에 제가 하는 언어 실수에 관대할 수만은 없었습니다. 사람들은 나를 한국인 로이스가 아니라 그냥 미국에서 일하는 디렉터 로이스로 대하고, 그에 맞는 수준을 기대하기 때문입니다. 보통 디렉터 자리에 오르기까지는 20년 안팎의 시간이 걸립니다. 커뮤니케이션 분야 특성상 저널리스트 출신이나 영문학 전공자가 많고, 네이티브 중에서도 어휘력도 더 풍부하고 수준 높은 언어를 구사하죠. 언제까지 '로이스는 한국에서 왔어'라는 시선과 배려를 받을 수 없기에, 매일매일을 그야말로 치열하게 영어 공부를 했습니다. 동료 디렉터들에게 교정을 부탁하거나 원어민 후배들에게 제가 쓴 글에 대한 리뷰를 부탁하기도 하고요. 크고 작은 실수를 줄이는 효과도 있지만, 디렉터마다 글 쓰는 스타일이 달라 다양한 톤의 글쓰기 연습이 됐습니다. 재미있는 것은 제가 쓴 글 리뷰를 부탁하면 내용 구성과 스토리텔링 방식에 대해 굉장히 신선하게 느끼고 좋아한다는 것입니다. 원어민에게 제 글맛이 좋다는 피드백도 많이 들었습니다. 그러면서 본인들도 글쓰기 연습을 더 해야겠다고 하니 저한테서 거꾸로 자극도 받는 것 같습니다.

실수할까 봐 무서워지면 영어를 할 수가 없습니다. 언어 감각이 아무리 좋아도 말실수를 안 하고 살기란 불가능하니까요. 우리가 어려운 한자 표현을 잘 모르듯이, 원어민도 영어 표현의 뉘앙스를 잘 구분하지 못하거나 제대로 설명하지 못하는 경우도 많아요. 실수하고 바로잡고, 또 실수하고 또 바로잡고, 그러면서 실수를 절대적으로 줄여가는 것이지요. 실수하면서 배운 것이 훨씬 더 오래 갑니다. advocate을 air cover로 잘못 쓰는 큰 실수를 했지만, 아마도 저는 평생 이 단어의 쓰임을 잊지 못할 것입니다. 중요한 건 자신의 실수를 알아차릴 정도로는 영어 공부를 해두어야 한다는 겁니다. 자신이 모른다는 것조차 모르면 문제를 해결할 수도 없으니까요. 대충 알아듣고 대충 말하고 넘어가는 게 아니라, 언어에 정교함을 더하고 완성도를 높여야 한다는 다짐을 오늘도 놓지 않습니다.

번역하지 말고
영어식으로 일하자

상대의 시간을 아끼는 영어

비즈니스 영어에 대해 일반론을 이야기하기는 참 조심스러워요. 업계마다 회사마다 분위기가 다르고, 그에 따라 언어의 톤앤매너가 완전히 달라지기 때문이죠. 제가 경험한 실리콘밸리는 어제의 세상과 오늘의 세상이 극명하게 달라지는 극한의 속도를 자랑하는 곳이기에, 이곳 비즈니스 영어의 핵심은 늘 '효율성'입니다. 이메일을 쓸 때도, 상사나 동료에게 보고를 할 때도, 업무 관련 미팅을 할 때도 관건은 '상대의 시간을 아끼는 것'이죠. 시간은 돈이기 때문입니다.

어느 날 다른 팀 매니저가 우리 팀에 있는 새로 들어온 직원의 이메일 쓰는 방식에 대해 조용히 항의를 했습니다.

"로이스, 그 친구가 보내는 메일을 볼 때마다 너무 답답해요. 매니저로서 좀 조심스럽게 이야기 전해줄 수 있을까요?"

"무슨 일인데요?"

"아니, 메일 쓸 때 제발 핵심만 얘기해달라고 해주세요. 바빠 죽겠는데 서론이 너무 장황하니까 짜증이 날 때가 한두 번이 아니에요."

하아, 정말 난감했습니다. 누구나 일하는 방식이 다르듯이 소통하는 방식이 다르기 마련인데, 신입도 아니고 경력자에게 소통 방식에 대해 충고하기가 참 어렵기 때문입니다. 일을 해보면 본론만 간단명료하게 말하는 사람이 있는가 하면, 앞뒤 사정을 모두 설명한 다음에 본론으로 들어가는 사람도 있습니다. 상황에 따라 말하기 스타일을 전략적으로 바꾸는 게 프로답겠죠. 우리 팀원 역시 이직한 지 얼마 되지 않은 능력 있는 직원이었기에, 구글의 소통 방식을 잘 몰라서 그런 실수를 저지른 것이었습니다.

대부분의 비즈니스 메일이 그렇듯이 구글의 이메일은 늘 '두괄식'입니다. 첫머리만 봐도 무슨 말을 하려는지 파악할 수 있도록 본론부터 얘기합니다. "어느 팀의 누구누구에게 무슨 업무에 대한 협조를 요청하기 위해 메일을 씁니다."

'I'd like to ask about~ / I'm writing about~'으로 시작해 본론을 애기하고 난 뒤 어떤 맥락에서 협조를 구하는 것인지, 어떤 업무를 해줘야 하는지에 대한 상세 내용을 후술합니다. 이때 디테일을 다루다 보면 메일이 길어지기 마련인데 이를 다 읽을 시간이 사실 별로 없습니다. 그래서 심지어 메일을 읽은 사람의 시간을 줄여주기 위해 '요약TL;DR'을 메일 서두에 싣습니다. TL;DR은 Too Long; Didn't Read(너무 길어서 읽지 않았음)이라는 뜻의 줄임말입니다. 모든 내용을 상세히 알 필요가 없는 사람이나 시간이 없는 사람은 요약만 읽고, 좀 더 보고 싶은 사람은 아래 메일을 다 읽어보라는 뜻입니다.

두괄식, 빨리 본론으로

비즈니스 영어를 할 때 강조하고 싶은 점은 한국식으로 생각해서 일일이 영어로 번역하려고 하지 말고 바로 영어식으로 일을 하라는 겁니다. 한국어로 했던 것을 모두 하나하나 영어로 번역해서 쓰면 어색해지더라고요. 그냥 바로 영어식으로 생각하고 말해야 하는 거죠. 예를 들면, 이메일에서 본론으로 들어가기 전에 쓰는 '다름이 아니오라' 같은 표현은 영어에 없거든요. 인사하고 나면 'I'd like to invite you to a press event….' 이런 식으로 바로 본론으로 들어가죠.

그렇다 보니 영어식 메일에서는 형식적으로 쓰는 인사치레의 말은 잘 쓰지 않습니다. '그간 신세 많이 졌습니다' '덕분에 일이 잘 진행되고 있습니다' '바쁘신데 죄송하지만 업무 협조 부탁드립니다' 등의 형식적인 표현들을 영어로 번역하면 같은 뉘앙스로 전하기 어려워서, 자칫 과장된 인사나 과도한 겸양으로 들릴 수 있습니다. 특별히 도움을 준 적이 없는데 덕분에 잘 지내고 있다고 한다고 하면 오히려 상대방이 뜨악하는 거죠. 또 당연히 협조해야 할 사안인데 "죄송합니다만"이라는 말로 시작하면 불필요하게 저자세로 보일 수도 있습니다.

그러니 영어로 소통할 때에는 우리말 표현 하나하나를 영어로 옮기지 말고, 영어 의사소통 방식을 따르는 게 더 자연스럽습니다. 회의 시간에 1분 정도 늦었다고 해서 "I am sorry."를 반복하는 것보다는 "(I am sorry that I am late.) Thank you for waiting."라고 말하고 넘어가는 게 깔끔하더라고요. 물론 예의를 갖추는 건 기본이고요.

흔히 서양식 말하기 방식이라고 부르는 '두괄식'을 떠올리면 쉽습니다. 그들은 "그렇게 되어서 또 이렇게 됐고, 그래서 나는 이런 게 필요한데 도와줄 수 있어?" 같은 미괄식을 싫어합니다. 말하는 사람은 본론으로 들어가기 전에 배경을 충분히 설명해서 이해를 구하겠다는 생각이겠지만, 너무 장황한 설명은 핵심에 이르기도 전에 상대를 지치게 하니까요. 전달하려는 의도가 무엇인지 잘 전해지지 않을 수도 있고요.

회의에서도 마찬가지입니다. 모두가 바쁜 시간을 쪼개어 어렵게 시간을 맞췄다면 회의 시간 안에 필요한 목적을 달성하기 위해 본론부터 말합니다. 우리가 비즈니스 미팅을 하는 이유는 효율적으로 상대의 마음을 움직이고 결정을 내리기 위해서죠. 그러니 'get to the point', 본론으로 빨리 들어가야 합니다. 브레인스토밍부터 정보 공유, 혹은 의견 수렴 및 결정 등 비즈니스 미팅의 목적은 다양합니다. 그 목적을 달성하는 것이 최우선시 되어야 하죠. 중언부언 장황하게 말하느라 의도가 무엇인지 헷갈리게 만들어서는 안 됩니다. 30분짜리 미팅에서 2~3분 정도는 '주말 어떻게 지냈어요' 같이 소소한 인사말을 나눌 수 있지만 많은 시간을 할애하지 않습니다. '효율성'의 극대화가 구글의 소통 방식이랄 수 있는데, 정도의 차이가 있을 뿐 다른 기업이라고 크게 다르지 않을 듯합니다. 기업 소통 문화나 개인의 업무 스타일은 저마다 다르고, 무엇보다 익숙한 언어가 다르다고 할지라도 그 조직의 소통 방식을 빨리 파악하고 거기에 맞추는 게 가장 중요하다는 사실은 변함이 없습니다.

표현의 시대정신을 읽는 법

실리콘밸리의 포용적 언어

최근 실리콘밸리에서는 포용적 언어Inclusive Language 사용이 점점 중요해지고 있습니다. 장애, 인종, 젠더, 성적 지향 등에 대한 차별을 담고 있는 기존 언어 표현의 문제점을 자각하고 새로운 대안어를 사용하자는 분위기가 어느 때보다 고조되고 있지요. 특히 구글은 해마다 언어 민감성 리스트를 작성하고 이를 사내에 공유하고 있습니다. 예를 들면 이런 겁니다. 블랙리스트Black List와 화이트리스트White list는 각각 Disallow list, Allow list로 바꿔 씁니다. 검은 것은 나쁜 것,

흰 것이 좋은 것이라는 인상을 주기 때문이에요. 시각 장애인을 연상시키는 블라인드 테스트Blind Test는 Masked Test로 사용하고, 의장Chairman이나 대변인spokesman은 남성만을 지시하는 말이므로 Chairperson이나 Spokesperson처럼 성 중립적인 표현을 사용합니다.

우리가 흔히 쓰는 일상 속 언어에서도 차별과 배제 혹은 비하의 의미가 있는 단어 사용을 지양하도록 권고하고 있어요. 예를 들면 "나 정리정돈의 끝판왕이야"라고 하고 싶을때 "I'm so OCD."라고 표현하기도 하는데요, 이런 표현은 피해야 합니다. OCDObsessive Compulsive Disorder는 강박장애를 뜻하기에 이런 말을 일상적으로 사용하면 OCD라는 질병을 심각하지 않게 보는 시각이 형성될 수 있기 때문이지요. 집중력이 조금 흐트러졌을 뿐인데 "나 ADHD인가 봐"라고 말하는 것 역시 지양해야 할 말에 해당합니다. 말귀를 잘 알아듣지 못하고 상황 파악을 못하는 사람을 일러 Tone deaf라는 표현을 쓰기도 하는데, 이 역시 청각장애인을 비하하는 의미가 있어 쓰지 않도록 합니다. 식당이나 극장을 예약하지 않고 현장에서 선착순으로 입장하는 것을 walk-in이라고 하는데, 모든 사람이 다 걸어 들어가는 것은 아니기 때문에 drop-in이라는 대안 표현을 쓰자는 움직임도 있습니다.

미국 사회 전반에 걸쳐 확산되고 있는 이러한 언어 수정 운동을 두고 지나친 정치적 올바름이라고 지적하는 이들도 있습니다. 어떤 말을 어떤 의도로 쓰느냐는 순전히 개인의 선택에 달렸죠. 하지만 더 다양한 고객을 유치해야 하는 기업의 입장에서는 단어 하나에 담긴 작은 오해가 얼마나 큰 피해로 돌아올지 늘 경각심을 가지고 언어를 다뤄야 합니다. 스웨덴발 의류 기업인 H&M이 흑인 아이가 'COOLEST MONKEY IN THE JUNGLE'이라는 문구가 쓰인 후드티를 입고 있는 사진을 게재했다가 여론의 뭇매를 맞았죠. Monkey가 인종차별적 표현임을 알고 썼는지 모르고 썼는지는 알 수 없지만, 고객들의 극렬한 항의로 인해 남아프리카공화국에 있는 17개 매장을 임시 폐쇄했습니다. 아무리 모르고 쓰는 단어라 할지라도 메일이나 광고 속 표현 하나가 해외 거래처를 불쾌하게 만들 수도 있고, 나아가 걷잡을 수 없는 사태로 퍼져 전 세계적인 불매운동으로 이어질 수도 있는 겁니다.

기업은 물론이고 개개인도 이런 문제로부터 자유롭기는 쉽지 않습니다. 유튜버나 인스타그래머 등 콘텐츠 크리에이터의 경우, 잘못된 영어 자막을 달거나 편향된 언어를 사용한 영상이 퍼지면 엄청난 사회적 비판을 받을 수 있고, 여행자들도 만약 여행길에서 특정 인종이나 문화를 비하하는 표현을 썼을 때 문제가 자칫 걷잡을 수 없이 커질 수 있으니까요.

특히 한국처럼 상대적으로 인종적 문화적 다양성이 낮은

사회에서는 포용적 언어 사용에 둔감해지기 쉽고, 그래서 실수하기도 더 쉽습니다. 저도 앞에서 말했듯 인종차별을 상징하는 '브라운백'에 얽힌 의미를 모르고 쓰다가 뒤늦게야 실수를 깨달았으니까요. 저는 '브라운백' 사건 이후 스탠퍼드대학교에서 주기적으로 업그레이드하고 배포하고 있는 포용적 언어 리스트도 수시로 살펴보는 습관이 생겼습니다. 사실이 리스트가 발표된 이후 너무 과도하게 도덕적 잣대를 들이댄다는 논란도 있었지만, 저는 포용성과 다양성을 재는 잣대는 높을수록 좋다고 생각합니다. 보도자료를 쓰거나 언론 브리핑을 할 때 반드시 이 리스트를 점검하고, 하다못해 이메일을 쓸 때도 한 번 더 주의하죠.

알지 못하고 쓴 나의 말 한마디가 누군가에게 깊은 상처와 오해를 남기게 된다면, 그런 말은 쓰지 않거나 고쳐 쓰는 것이 맞지 않을까요?

나의 가치관에 맞는 영어를 쓰고 있을까

코로나19 당시 사무실을 떠나 천혜의 자연을 지닌 하와이에서 재택근무를 할 수 있었던 건 순전히 영어가 준 특권이었습니다. 영어를 하지 않았다면 구글 본사에 입사하지 못했을 거고, 그랬다면 하와이에서 두 달이나 머물면서 근무할 수 있는 행운을 누리지 못했을 테니까요. 하루 일과를 마치면 바닷가에서 태닝과 서핑을 즐기고 주말이면 하이킹을 훌쩍 떠날 수 있는 곳! 지금 생각해도 참 꿈같던 어느 날, 아무리 지도를 봐도 목적지 방향을 잘 모르겠어서 '또 영어 연습을 해야겠다는 생각으로' 마침 길 옆에 있던 경찰차로 다가갔습니다. 차문을 열고 경찰관이 나왔는데 여성분이었어요. 반가운 마음에 이렇게 인사를 했습니다. "Hello, Sir."

그러자 그 경찰관 얼굴이 일그러지며 불같이 화를 내며 말했습니다. "What? I'm not Sir!" 경찰관이나 공무원과 얘기할때 Sir라는 단어를 말 끝에 붙이는 게 공손한 표현이라고 알고 있었는데, 그게 아닌 것 같았습니다. 순간 당황한 저는 Sir가 남성만을 지칭하는 거라 그게 잘못인 걸까 싶어 "Ah, Ma'am" 하고 정정했죠. 그랬더니 더 크게 화를 내며 이러는 겁니다. "I am not Sir, I am not Ma'am, either!" Ma'am은 여성을 정중히 부르는 말이라고 알고 있고, 사전에도 경찰이나 군대의 고위 직급 여성을 칭한다고 나와 있는데, 왜 화를 내는지 알 수가 없었죠. 슈퍼마켓이나 식당에서도 Sir나 Ma'am 이라는 표현을 일상적으로 쓰는데, 그 경찰관은 대체 왜 그랬던 걸까요?

경찰관은 이렇게 답했습니다. "You should call me 'officer'." 아차 싶었습니다. Sir나 Ma'am은 남성이나 여성을 구분하여 지칭하는 표현이죠. 누군가를 호칭할 때 남성과 여성을 이분법적으로 구분하는 것은 적절치 않습니다. 물론 그 경찰관이 제게 좀 과하게 화를 냈다고 생각합니다. 아마도 성차별적 표현을 많이 접했거나 기성 사회의 이분법적인 성 구분을 불편하게 생각하는 사람일 수 있겠죠. 게다가 Ma'am은 때로는 '여사님'처럼 비아냥 투로 들릴 수 있다는 것도 나중에 알게 되었어요.

한국에서도 스튜어디스와 스튜어드를 승무원이라고 고쳐 부르고, 여선생님이나 여배우처럼 직업명 앞에 특정의 성을 (주로 여성) 무의식적으로 붙이는 걸 지양하고 있습니다. 영어에서도 마찬가지예요. 여러분을 가리키는 you guys도 folks, people, everyone과 같은 표현으로 바꿔 부르고, 인력을 가리키는 manpower도 이제는 workforce라고 씁니다. 포용적 언어 사용의 움직임은, 언어가 단순히 대상을 가리키는 수단일 뿐만 아니라, 우리가 사고하고 행동하는 방식을 주조하는 일종의 구조라는 지적에서 시작되었습니다. 우리가 일상적으로 쓰는 영어 표현 중 편향적이라고 지적되어 대안어를 쓰는 경우를 한번 살펴보겠습니다.

- 늦여름 indian summer → late summer

: '인디언 서머'는 늦여름 더위가 빨리 가셨으면 하는 바람에서 쓰는 말이므로 '인디언'을 부정적인 의미로 받아들일 수 있습니다.

• 이성애자 straight → hetero sexual
: '바르다' '곧다'라는 뜻의 straight는 이성애만이 정상이라는 의미를 가리킬 수 있습니다.

• 정부 보고서 white paper → position paper
: 백색이 공식적인 것이라는 인상을 줄 수 있습니다.

• 노숙자 homeless person → person without housing
: 안타깝게도 샌프란시스코나 뉴욕 등 대도시에 노숙자가 많습니다. 이들은 머물 집이 현재 없을 뿐이지 가정이 없는 건 아니죠. 그래서 가정이 없다는 표현은 누군가에게는 상처가 될 수 있습니다.

• 장애인 disabled person → person with a disability
: 이 두 표현의 차이가 뭘까요? 바로 장애가 먼저냐, 사람이 먼저냐의 차이입니다. 그 사람이 장애를 가지고 있을 뿐이지, 장애가 그 사람을 정의할 수 없는 것처럼 언어의 순서에

도 섬세한 의미를 부여할 수 있죠.

• 정상인 normal person → ordinary person
: 뭐가 정상이고 비정상일까요? '정상인'이란 기준은 편견
과 편향을 조장하는 잣대로 지적되곤 합니다. 때문에 그저
평범한 사람, 일반적인 사람 정도로 순화해서 쓰고 있습니
다. 혹시 '나는 그냥 평범한 사람이야'라고 말하고 싶다면
normal이라는 표현은 되도록 쓰지 않는 게 좋습니다. "I'm
just an ordinary person."이라고 하면 됩니다.

• 흑인 African american → Black
: 개인적으로 '블랙'이라는 말은 정말 쓰기 조심스러웠습
니다. 몇 년 전만 해도 흑인이라는 표현을 순화해서 아프리
칸 아메리칸이라는 표현을 쓰자는 움직임이 있었는데, 최
근에 여기에 반대하는 움직임이 거세게 일었어요. 바로 흑
인이라고 모두 아프리카에서 오지 않았다는 거죠. 남미나
유럽에서 온 흑인들도 많은데 굳이 아프리칸 아메리칸이라
고 쓰면 배제와 편견을 조장한다는 겁니다. 몇 해 전 'Black
Lives Matter' 흑인 민권 운동이 일어난 이후 블랙이란 말을
익숙하게 자주 쓰게 됐어요. 언어라는 건 이렇게 움직이는
것이더군요.

이렇게 편향과 편견을 조장하는 말 외에도 전쟁이나 폭력을 정당화하는 표현을 순화하려는 움직임도 있습니다.

• 결정하다 pull the trigger → give it a try / give it a go
: 이 표현 많이 쓰시죠. 직역하자면 '방아쇠를 당기다'이지만 '개시하다' '결정하다'의 의미로 씁니다. 총기 사고가 빈번하게 일어나는 미국에서 쓰기 참 조심스러운 말이 됐어요.

• 워룸 war room → situation room
: 워룸은 IT 업계에서 많이 쓰는 용어인데요, 신제품 출시를 앞두고 기업에서는 약 한 달에 걸쳐 회의실 하나를 잡고 비상 체제로 일하는 경우가 흔합니다. 보안상의 문제도 있고 프로젝트에 참가한 사람들이 한자리에 모여 문제가 발생할 때마다 빠르게 토의하고 대응책을 찾기 위해 한 방에 있는 거죠. 이 회의실을 '워룸'이라고 했습니다. 그런데 이 단어가 역시 심각한 전쟁과 폭력을 일상화하는 표현이라는 지적이 있어 '시추에이션 룸'으로 고쳐 쓰고 있습니다.

이렇게 시대의 변화에 맞게 섬세한 표현을 쓰려는 노력은 늘 높이 사야 한다고 생각합니다. 어떤 언어를 쓰는가는 그 사람의 생각과 입장, 삶에서 중시하는 그 가치와 태도를 보여주는 창일 거예요. 그것이 비단 한국말이든 영어든 우리가 쓰는 언어에는 우리의 가치관이 드러나 있습니다. 그리고 그 표현 하나에 따라 한 사람이 상처를 입을 수도 있고 격려를 받을 수도 있습니다. 그러니 단어 하나, 표현 하나 섬세하게 사용해야 한다는 점을 유의하면 좋겠습니다.

업계 영어 습득하기

비즈니스 영어 업데이트하기

저에게 업무 영어가 어렵냐 일상 영어가 어렵냐고 묻는다면, 단언코 일상 영어라고 말할 것 같습니다. 아마도 일상 영어는 그 주제나 범위를 미리 예상할 수 없다면, 업무 영어는 준비하고 연습한 범위 안에서 쓸 수 있기 때문입니다. 또한 업무에 사용되는 영어 표현은 비슷비슷하고, 대화 주제와 내용 역시 이미 아는 것이니 다른 사람의 말을 알아듣기도 훨씬 수월합니다.

살면서 해야 하는 영어는 끝이 없지만, 일할 때 필요한 영어는 생각보다 한정적입니다. 메일을 쓰거나 화상 회의할 때 사용하는 인사말이나 공식적이고 정중한 표현법들에도 일종의 패턴이 있어서 한번 익혀두면 두고두고 써먹을 수 있죠. 그래서 자칭 '정리의 여왕'답게 자주 쓰이는 표현을 또 다시 정리해보기 시작했습니다. 동료들의 보고서에 나오는 좋은 표현, 받은 이메일에 있는 유용한 표현, 회의 때 의견을 세련되게 말하는 사람의 표현법 같은 것을요. 좀 보여드리자면 이렇습니다.

It seems we have quorum.(대략 성원이 된 것 같네요.)

Let's get started.(자, 회의 시작합시다.)

Let's touch base next week.(다음 주에 만나서 얘기합시다.)

Quick heads up.(미리 알려드려요.)

Thank you in advance for your help with this.(도와주신 데 미리 감사드립니다.)

I will keep you informed updated.(계속 업데이트해줄게요.)

What are your thoughts on this?(이 사안에 대해 어떻게 생각해요?)

이런 표현들은 비즈니스 영어 회화 책을 사서 익힐 수도 있지만, 앞에서 권한 대로 '회의에 유용한 표현 모음'처럼 나만의 교재를 만들고, 내가 써먹고 싶은 표현을 때마다 모아두면 나중에 사용하기 편합니다. 앞에서도 말했지만 한국어를 그대로 영어로 번역하지 말고, 영어식으로 생각해야 합니다. 메일을 하나 쓰더라도 한국어를 영어로 번역하려고 하지 말고, 처음부터 영어로 메일을 쓴다고 생각해야 진짜 영어다운 영어를 할 수 있습니다. 비즈니스 영어 메일이나 발표 등의 패턴을 여러 번 반복 학습해서 습관처럼 튀어나오게 만들면, 나중에 번역기로 확인하는 것보다 훨씬 더 '효율적'으로 일할 수 있습니다.

영어로 업계 정보를 누구보다 발빠르게

예전 같으면 누군가의 업무 성취도를 평가할 때 "그 사람은 일도 잘하는데 게다가 영어까지 잘해"라고 했을 테지만, 요즘은 "그 사람은 영어 잘할 때부터 알아봤어. 일 정말 잘해"인 경우가 많습니다. 영어를 잘하는 것이 일을 잘할 수 있는 기본이 되는 거지요. 이는 영어로 소통을 잘해서 일을 효율적으로 할 수 있다는 의미이기도 하지만, 영어를 잘하면 더 앞서나갈 수 있다는 말이기도 합니다. 영어에 능숙해지면 업계의 새로운 정보를 누구보다 빠르게 습득하고, 경쟁사 혹은 협력사의 동향을 기민하게 파악해 대응할 수 있죠. 관련 뉴스도 마찬가지입니다. 지금 하고 있는 일에 직간접적으로 영향을 줄 수 있는 이슈를 누구보다 빠르게, 그리고 꾸준히 파악한다면 장기적으로 판단할 수 있는 안목이 생깁니다. 일잘러의 자신감은 이렇게 만들어집니다.

물론 요즘은 SNS를 통해 해외 뉴스가 실시간으로 공유되고, 번역기나 생성형 AI를 통해 의미 파악을 쉽게 할 수 있습니다. 하지만 업계의 특수하고 전문적인 정보를 신속하고 정확하게 파악하는 능력은 내가 바로 듣고 읽을 수 있는 영어에서 나올 수밖에 없는 거예요. 무엇보다 업계 소식을 영어로 보는 데 익숙해지면 나중에 그 말을 다시 영어로 풀어내기도 훨씬 쉬워져요. 그러니 수시로 업계 소식을 영어 자료로 접하며 '업계 영어'를 훈련할 필요가 있습니다.

구글에서 근무할 때 저는 늘 구글의 메인 웹페이지와 블로그에 들어가 메일 정보를 업데이트했습니다. 사실 구글의 기업 규모가 워낙 크기도 하고, IT 업계 그 자체라 봐도 무방하기 때문에 매일매일 일이 어떻게 돌아가는지 파악하는 것만 해도 쉽지 않았죠. 기업들은 홍보를 위해 홈페이지나 블로그, SNS를 통해 자사의 정보를 꾸준히 공개하고 공유하는데, 이를 적극 활용하면 업계 정보를 빠르게 습득할 수 있을 뿐 아니라 기업에서 주로 사용하는 영어 표현이나 용어, 패턴 등을 학습하는 데도 매우 큰 도움이 됩니다. 특히 블로그 글을 정독할 때 느끼는 영어의 말맛, 글맛에 많은 자극을 받았습니다. 우리 회사 블로그 글은 표현에 집중하면서 어떤 식으로 스토리 구조를 짜야 하는지, 단어의 뉘앙스는 어떻게 살릴 수 있는지를 배우기에 좋았죠.

회사 블로그에 새로운 글이 올라왔을 땐 그 내용을 다섯 줄로 요약 정리해보는 연습도 했습니다. 다른 사람의 글을 짧게 요약하는 연습은 습득한 정보를 좀 더 체계적으로 받아들일 수 있을 뿐만 아니라 내 언어로 만드는 효과도 있죠. 요즘 미국 슈퍼 체인인 트레이더 조에서 파트타임으로 일하고 있는 저는 매일 트레이더 조 홈페이지에 들어가서 수시로 새로운 정보를 습득하고 있습니다. 새로 들어온 상품을 어떻게 하면 잘 표현할까, 그 상품 개발에 얽힌 스토리를 어떻게 재미있게 풀어낼 수 있을까 혼자 시뮬레이션 해보면서 말이죠.

영어로 된 뉴스를 수시로 접하는 것도 진짜 중요해요. 업계 소식을 다루는 언론, 예를 들어 IT 업계에서는 The Verge, Cnet과 같은 언론사가 유명한데, 이들 기사는 반드시 한 번씩 훑어봅니다. 헤드라인과 요약 기사 정도는 정독하는 데 그렇게 오랜 시간이 걸리지 않습니다. 그 외에 정론지인《비즈니스 인사이더》《포춘》《뉴욕 타임스》등은 하루 한 매체만 선택해서 헤드라인이라도 살펴봅니다. 업계 뉴스가 너무 많이 쏟아져서 다 읽는 건 불가능하고, 어려운 단어도 너무 많아서 이걸 다 공부한다는 생각으로 읽으면 주눅이 들기 딱 좋습니다.

특히 《뉴욕 타임스》는 지성인이라면 이 정도는 읽어야지 하며 작정하고 어렵게 쓴 글이 많아서 읽기 힘들어요. 대중에게 익숙하지 않은 단어들을 의도적으로 사용하거든요. 게다가 기사도 심층 기획 중심이고 분량도 무지막지하죠. 그러니 그냥 새로운 단어에 나를 열어둔다 정도로만 일주일에 한 편씩 도전해보길 권합니다.

미국에서는 여전히 팟캐스트의 인기가 좋은데, 업계 정보나 시사 상식을 쉽게 정리할 수 있을 뿐 아니라 영어 듣기의 훌륭한 교보재로 활용할 수 있습니다. 제가 주로 듣는 팟캐스트는 IT 업계 뉴스를 정리해주는 〈The Vergecast〉, 〈Pivot〉, 〈99% Invisible〉 같은 채널이 있습니다. 또는 일반 뉴스로는 비영리 채널인 NPR에서 진행하는 뉴스 앱 〈NPR News Now〉가 있습니다. 팟캐스트 진행자들은 발음이 상당히 정확하고 안정적이기 때문에 속도가 조금 빨라도 금방 익숙해질 수 있습니다. 맨날 문서로만 읽어서는 듣기나 말하기가 늘지 않아요. 듣는 콘텐츠를 통해 단어를 어떻게 발음하고 문장을 어떤 호흡으로 끊어 읽는지 파악할 수 있죠. 귀로도 익혀야 나중에 미팅을 하거나 출장을 갈 때에도 바로 반응할 수 있습니다. 게다가 팟캐스트는 대부분 구어체로 말하고 좌담식으로 진행하니까 우리가 실제 비즈니스 현장에서 쓰는 방식의 정련된 영어를 익힐 수가 있어요. 문어체로 된 신문 기사만 읽고 그걸로만 공부하면 잘 알고 있는 단어나 표현이 막상 말할 때는 나오질 않거든요.

어떤 일이든 시작은 미약합니다. 이 많은 자료를 어떻게 다 봐야 할지 막막할 거예요. 다 보겠다는 마음이 아니라 매일 조금씩 꾸준히 한다는 생각으로 보세요. 매일 하는 일을 늘 잘할 수는 없습니다. 그냥 일단 홈페이지에 한번 접속하고, 뉴스 사이트에 한번 들어가서 눈에 걸리는 게 있는지 들여다보는 것만으로도 충분합니다. 그렇게 만들어진 영어 습관이 어느 날 당신을 비즈니스 영어 능력자로 만들 거예요.

회의부터 면접까지 커버하는
스토리텔링 전략

영어 대화를 이끄는 말하기 전략

모국어가 아닌 언어로 공적인 자리에서 의견을 피력하며 존재감을 드러내고 나아가 성과를 내야 한다는 건 생각보다 스트레스가 큽니다. 업무상 미팅은 영어를 뽐내는 자리가 당연히 아니지만, 그룹 회의에서 영어가 서투르면 정말 해야 하는 말을 못하는 경우가 생겨버리기 때문이죠. 구글에서의 회의는 다들 한마디라도 더하기 위한 전쟁과도 같습니다. 특히 커뮤니케이션 팀의 수장들이 모인 디렉터급 회의에 들어가면 소리 없는 총성이 들리는 듯합니다. 수준 높은 어휘와 촌

철살인 비유가 넘쳐나고 심지어 말하는 속도도 빠르죠.

그런 동료 디렉터들 사이에서 팀과 한 나라를 대표해 발언해야 한다고 생각해보세요. 그런 자리에서는 듣고만 있을 수 없죠. 자신이 내성적이라는 등 말에 신중한 타입이라는 등 성격을 따지면 안 되는 겁니다. 일을 진행하려면 디렉터의 역할이 중요하니까요. 이런 자리에서는 겁내지 않고 즉각적으로 말하되, 간결하지만 포인트를 짚어서 말하는 능력이 중요합니다.

영어 공부를 할 때는 최대한 정확하게 말하고 발음하려고 의식하지만, 실전에서는 그럴 새가 없습니다. 한마디를 해도 임팩트 있게 의견을 개진하고자 미리 핵심 내용을 준비해놓고, 막상 입을 떼면 준비한 말이 잘 나오지 않아 막히더라도 즉흥적으로 잘 넘기고 집중하여 끝까지 밀고 나가는 게 중요합니다. 그게 팀 미팅이든, 디렉터 미팅이든, 중요한 파트너와의 미팅이든 실전에서는 내용에 초집중해야 합니다.

사실 여러 명이 회의할 때 가장 어려운 건 '끼어들기'입니다. 모든 사람이 한마디라도 더 하려는 분위기에 자연스럽게 끼어드는 것이죠. 이럴 때 비원어민이라는 자격지심이 발동하면, '이미 누가 했던 얘기인데 내가 놓친 게 아닐까?' 혹은 '이미 논의된 내용인데 괜한 질문으로 뒷북 치는 건 아닐까?' 하면서 망설이게 됩니다. 그렇게 스스로를 의심하는 동안 회의는 흘러갑니다. 미국에 건너온 뒤 3개월을 그렇게 망설이면서 보냈습니다. 결국 저는 회의에서 끼어들기 전략을 세웠습니다. 첫째, 코멘트나 질문할 것이 있을 때는 손을 듭니다. 많은 회의가 손을 들고 지명을 받아 발언권을 얻는 분위기가 아니지만 어색하지 않게 '나 좀 얘기하자' 하는 신호를 줄 수 있었습니다. 자연스럽게 사람들 시선이 제게 향하면서 조용해지기도 하고요. 둘째, 질문이나 코멘트 할 때는 가장 먼저 합니다. 발표자 발언이 끝나자마자 질문이나 발언을 제일 먼저 하면 내가 흐름을 놓친 것이 아닐까 하는 불안감을 느낄 필요가 없다는 게 큰 장점입니다. 기다리는 동안 긴장되고 가슴 졸이는 시간을 애초에 차단할 수 있기 때문이죠. 게다가 회의 주재자나 참석자들에게 저 사람이 이 회의에 적극적으로 참여한다는 인상도 남길 수 있습니다.

영어의 반은 자신감이라고 하죠. 틀려도 자신감을 가지고 하면 할수록 영어가 늘기 때문이에요. 무조건 많이 말해야 빨리 늡니다. 또 숫기가 없어 말하는 게 주저되더라도 일단 입을 열어 말하기 시작하면 없던 자신감이 생겨나기도 합니다. 즉 자신감이 있어서 말하는 게 아니라 말을 하면 없던 자신감도 생기는 거죠.

앞서 말한대로 비즈니스 미팅이 끝난 뒤에 이어지는 식사 자리에서의 영어가 더 어려웠습니다. 원어민 혹은 원어민 수

준의 사람들이 속사포로 쉴 틈 없이 떠들어대는 수다 사이에
틈을 내 파고들기가 쉽지가 않았어요.

　2023년 CES(세계 가전 전시회) 출장길에서도 어김없이 가장
힘든 게 이 그룹 스몰토크였습니다. 행사를 잘 끝낸 뒤 열 명
의 동료들과 함께 뒤풀이 식사를 했습니다. 가뜩이나 시끄러
운 음악 때문에 상대의 말이 잘 들리지도 않는데, 최근 다녀
온 베이비샤워, 넷플릭스 드라마, 스포츠부터 헤어스타일 이
야기까지 온갖 잡다한 주제가 한꺼번에 여기저기서 숨 쉴 틈
없이 튀어나옵니다. 미팅 때처럼 손을 들 수도 없고, 어쩔 땐
심판이 있어서 토크 중재라도 해주면 좋겠습니다. "셧업! 그
만해! 나도 좀 이야기하자고!" 하는 말이 입 밖으로 튀어나올
것 같죠. 어쩌다가 타이밍이 맞아 이때다 하고 끼어들더라도
열 번 중 한 번 성공할까 말까입니다.

　이렇게 끊임없는 대화의 틈을 어떻게 파고들어 이야기를
이끌어낼 수 있을까요? 자신감이 필요할까요? 여기에서도
끼어들기 전략이 필요합니다. 끼어들기를 자연스럽게 잘하
는 친구들을 유심히 살펴보니 평소 자주 쓰는 표현이 있습니
다. 대화의 포문을 여는 표현으로 'It reminds me~'를 써먹
는 겁니다. "너 그 얘기 하니까 생각났는데~" 하면서 대화의
주제를 확 바꾸는 거죠. 핑퐁처럼 오가는 대화 속에서 상대의
말에 공감하고 있다는 걸 어필하면서 동시에 내 이야기를 자

연스럽게 꺼낼 수 있는 말이에요. 비슷한 말로 'It's funny you should say that~'도 있습니다.

> You have just reminded me of something I need to tell you.(네가 그 말 하니까 너한테 말하려고 한 게 떠올랐어.)
> It's funny that you should say you love hiking because I was just planning a hiking trip for next weekend.(너도 하이킹 좋아한다니 완전 우연이다. 나 다음 주에 하이킹 갈 계획이거든.)

　미국에 와서 누가 'It's funny~'라고 말하는 것을 처음 들었을 때는 무슨 재미있는 얘기가 나오려나 하고 귀를 기울였다가 막상 듣고 보니 영 재미없어서 처음에는 상당히 의아했어요. 도대체 뭐가 재밌다는 거야? 나중에 알고 보니 이게 우습거나 재밌다는 표현이 아니라, "맞아, 마침 나도 그런 일이 있었어" 하면서 자기 얘기를 이어나가는 표현이었죠. 이런 표현들을 무기처럼 품고 있으면 매우 유용합니다.
　또 한 가지 전략은, 회의 때와 마찬가지로 질문을 던지는 거예요. 적극적으로 듣고 말하는 사람이라는 인상을 줄 뿐 아니라, 속사포처럼 쏟아내는 상대의 맥을 한번 끊어서 내가 대화를 주도할 수 있게 됩니다. 물론 그렇다고 상대의 말을 자르라는 건 아니에요. 일대일로 대화하고 있거나 서너 명 정도 모인 소규모 자리에서는 상대의 이야기가 온전히 끝나고 그 대화의 주제가 마무리될 때까지 대화에 공감하고 참여하는 게 예의죠. 특히 비즈니스 테이블에서는 이 매너를 지키지 않으면 상대를 무시하고 있다는 인상을 주기 쉽습니다.

이렇게 몇 번 말하는 데 성공하게 되면, 그제야 조금씩 자신감이 차오릅니다. 영어를 잘하게 될 때까지 영어를 참지 말고 전략적으로 하세요. 처음엔 어색하고 서툴러도 반복하면 자신감이 생깁니다. 그렇게 작은 성공을 차곡차곡 쌓으면서, 앞으로 어떤 주제가 나오더라도 주도적으로 참여할 수 있도록 꾸준히 폭넓게 영어 공부를 하면 됩니다.

그런 농담이 있어요. 세상에는 바이링구얼(두 개 언어를 구사하는 사람), 트라이링구얼(세 개 언어를 구사하는 사람) 같은 멀티링구얼들이 참 많은데, 만약 모노링구얼(한 가지 언어만 구사하는 사람)이 있다면 그건 분명 미국인일 거라고요. 미국인으로 태어났다면 영어 때문에 고민할 일이 없었을 텐데 하는 생각, 해보지 않았나요? 그렇게 영어에 쏟는 시간이 많은데도 막상 입에서 나오는 영어가 버벅거리면, 속이 상하지만 이렇게 생각합니다. '야, 너도 이거 한국말로 해봐. 할 수 있어?' 그러면 굽어 있던 어깨가 조금씩 펴지는 것 같습니다.

만약 당신이 영어 업무를 조금이라도 하고 있다면, 이미 당신의 영어는 미국 사람들이 놀라는 수준일 겁니다. 그러니 용기를 가지고 전략적으로 부딪혀보세요. 우리는 이미 충분히 잘하고 있습니다.

면접도 스토리텔링이다

영어 말하기에 자신감을 불어넣는 또 하나의 전략 중 하나는 바로 자기만의 스토리텔링을 만들어놓는 겁니다. 만약 당신이 파트너사와 만나는 일을 하든, 아니면 해외여행을 떠나든 여러분은 늘 새로운 사람들과 만나게 되겠죠? 새로운 환경에서 새로운 사람을 만날 때 '자기소개'는 반드시 필요합니다. 그럴 때 이름은 뭔지, 무슨 일을 하는지, 어디서 왔는지 짧은 대화를 나누고 나면 얼마 지나지 않아 침묵이 찾아옵니다. 그 어색함을 깨려고 무슨 말을 해야 할지 고민하는 동안 대화는 끝나버리곤 하죠. 그러고는 자책합니다. '아, 내가 영어를 못해서 그런 거야……'라고 말이에요.

영어를 못해서 그런 게 아니에요. 스토리가 없는 거예요. 어떻게 보면 영어 하기의 시작은 자기에 대해 이야기하는 거죠. 세상 누구와 대화하든 자기소개부터 하니까요. 그러니 영어를 잘하고 못하고를 떠나서 한번 들으면 잊히지 않는 나에 대한 인상적인 이야기 하나쯤 있으면 좋지요. 어려운 단어를 쓸 필요도 없고 복잡한 문장 구조도 필요 없어요. 그저 나에 대한 스토리만 있으면 됩니다. 예를 들어 저를 소개할 때 "My name is Lois Kim. You know Lois Lane, Superman's girlfriend. That's me.(제 이름은 로이스예요. 슈퍼맨 여자친구 로이스 레인이요. 그게 저예요)"라고 해요. 상대가 하필 왜 그 이름을 택했냐고 물어보면 신문 기자인 로이스의 능력 있고 불의를 못 참아 불구덩이에 늘 먼저 뛰어드는 용감한 모습을 닮고 싶어서라고 답합니다. 이렇게 작은 스토리 하나만으로도 자연스럽게 대화가 이어지죠.

또 이력서를 쓴다고 생각해보세요. 면접관이 여러 가지 질문하겠죠? 역할 놀이를 하듯이 상대가 나에게 어떤 질문을 할지 예상 질문 리스트를 만들어봅니다. 그리고 가장 많이 들어올 만한 질문에 답을 써보는 거예요. 시간이 날 때마다 어떻게 대답할지 시뮬레이션을 해보는 거죠. 나는 어떤 사람인지, 구체적으로 어떤 경험을 했는지, 그렇게 나에 대한 스토리를 먼저 차곡차곡 쌓아놓으면, 언제 어디서라도 자신 있게 할 수가 있습니다. 예를 들면, 인생에서 가장 중요한 의사 결정이 뭐였냐는 질문에 저는 미국에 온 것이라고 답합니다. 가족, 나이, 영어 등을 포함해 미국에 안 올 이유가 차고 넘쳤지만, 죽기 전에 영어 한번 제대로 해보고 싶다는 이유 한 가지 때문에 새로운 일에 도전하기 위해 왔다고요.

영어가 꼭 책상에 교재를 펴고 앉아 있어야만 되는 게 아니라고 생각합니다. 이렇게 자기만의 스토리를 영어로 연습해보면서 내 안의 영어를 쌓아나가는 것이 바로 영어 하기입니다. 저는 토스트마스터스 클럽에서 스피치 연습을 하면서 제 성격과 직업 그리고 경험에 대해 글로 정리해놓고 이를 아주 적극적으로 활용합니다. 당연히 퍼블릭 스피치 용도로 만든 스크립트이니 보지 않고 말할 수 있을 정도로 '달달' 외웠죠. 누군가와 대화를 시도할 때 나에 대해서 '술술' 이야기할 수 있다면 자신감을 가지고 대화의 포문을 열 수 있습니다. 그렇게 대화를 시작하고 상대가 내게 관심을 보이기 시작하면 대화는 자연스럽게 이어집니다.

이런 스토리텔링 능력은 취업 영어 면접에도 큰 도움이 됩니다. 지금까지 제가 직장인으로 살면서 면접관으로 혹은 면접자로 약 200번이 넘는 영어 인터뷰를 거치면서 깨달은 것은, 영어 말하기에서는 일화 중심의 스토리가 중요하다는 것입니다. 저는 구글 입사가 확정되기까지 총 11번의 인터뷰를 거쳤는데, 직업적인 경험 외에도 이런 것까지 물어보나 싶을 정도로 매우 자세하게 질문하더군요. 이는 구글 퇴사 후 면접을 보았던 실리콘밸리 다른 어느 기업에서도 비슷했어요. 이력서에 적힌 한 줄 이력을 그냥 넘어가지 않고 그에 관한 질문을 엄청나게 많이 합니다. "이 프로젝트는 왜 그렇게 진행했어요? 다른 리소스가 있었다면 어떻게 진행했을까요? 의사 결정 과정에서 아쉬운 건 없었습니까? 다시 한 번 이 일을 한다면 어떤 부분을 보완하고 싶어요?"라는 식으로 꼬리에 꼬리를 무는 질문으로 깊이 있게 케이스를 분석하는 방식입니다.

흥미로운 건 아직 오지 않은 미래에 대한 질문은 많이 하지 않는다는 거예요. 예를 들면 "우리 회사에 들어와서 어떤 일을 할 수 있을 것 같습니까?"라는 질문은 거의 하지 않습니다. 그보다는 주로 과거에 어떤 일을 했는지 그에 대한 평가와 분석, 그리고 구체적인 사례에 관한 질문을 하죠. 대답할 때도 자신의 경험을 일반화하기보다 구체적인 경험 서너 개 정도를 예로 들어 스토리를 짜서 설명해야 합니다. 이는 한국인과 영미권 사람들 사고방식의 근본적 차이에서 비롯된 것인데, 우리는 일상적인 대화에서 보편성을 찾는 걸 좋아한다면, 영미권 사람들은 개인적인 경험을 중심으로 한 실증주의를 추구한다고 할 수 있죠.

영어 원어민과 대화하는 데 어려움을 느끼는 이유 중 하나가 바로 이 사고방식의 차이 때문일 수도 있습니다. 편견인지 모르겠지만 한국 사람들은 하나의 주제에 대해 이야기할 때 꼭 그 주제에 대한 자신의 상식을 드러내야 한다는 부담을 가집니다. 영어로 말할 때도 그 주제에 대한 지식이 얕막하거나 어휘를 알지 못하면 말하기를 꺼려하고요. 그런데 영어 인 터뷰를 포함한 영어 말하기 방식을 가만히 들여다보면, 영어 원어민들은 그 주제에 관련한 자신의 경험을 자연스럽게 이 야기하는 편이에요.

심지어 취업 면접에서도 사적인 경험을 은유적으로 풀어 내며 자신의 이야기를 풍부하게 만듭니다. 단순히 자기가 어 떤 프로젝트를 통해 어떤 성과를 냈는지 이야기하기보다, 스 토리텔링을 할 때 상대에게 훨씬 더 강한 인상을 남길 수 있 죠. 예를 들어 누군가 저에게 한번도 해보지 못한 경험에 대 해 질문했을 때, "죄송하지만 저는 그런 경험이 없습니다. 죄 송합니다"라고만 답할 것이 아니라, "해본 경험은 없지만, 저 는 새로운 도전을 두려워하지 않고 돌파하는 사람입니다. 얼 마 전 50년 만에 수영에 성공했어요. 물 공포증이 있었는데 끊임없이 도전해서 지금은 다이빙도 가능합니다"라고 이야 기를 풀어나갈 수 있겠죠. 자신이 이전 회사에서 경험한 것, 여행에 가서 만난 사람들과의 관계, 다양한 아르바이트를 하 면서 느낀 것 등 자신의 이야기를 엮어보면 좋습니다.

내 얘기를 하기 부담스럽다면 한국 문화에 대해 이야기하 는 것도 좋은 전략이에요. 한국인으로서 고유한 정체성을 주 제로 이야기해보세요. '한국' 하면 떠오르는 공통 관심사로 케이팝이든 케이드라마든 다양한 주제로 대화를 나눌 수 있습니다. 한국에서 만들어진 기술이 미국, 유럽, 동남아로 이어지는 경우가 많기 때문에 한국의 뛰어난 IT 업계 이야기도 매우 흥미로운 주제가 될 거예요.

무례하지 않게 의견 말하기

CHAPTER
24

분명한 의사 표현의 중요성

여러분은 회의석상에서 상대방의 의견에 반대한다는 의사 표현을 할 때 어떻게 말하나요? 혹시라도 상대방이 기분 나빠하지 않을까 예의 있게 말하려고 노력하겠죠. 어떨 때는 괜한 분란을 일으키고 싶지 않아서 내 의견과 크게 다르지 않으면 그냥 넘어가기도 할 겁니다. 그런데 저는 미국에서 회사생활을 하면서 자기 의견 내기를 절대 주저해서는 안 된다는 것을 뼈저리게 깨달았습니다. 이래도 좋고 저래도 좋은 식의 '무난한' 태도를 고맙게 여기는 사람은 단 한 명도 없었거든요. 자신의 의견에 동의하느냐 마느냐가 중요한 것이 아니라, 오히려 상대가 자신의 의견에 수준 높은 피드백을 줄 수 있느냐를 그 사람의 가치이자 업무 역량이라고 보기 때문입니다.

상대방의 의견에 동의하면서 지지를 적극적으로 표현하는 것이 중요한 만큼, 상대방의 의견이 나와 다를 때 정확하게 반대 의사를 밝히는 것이 중요합니다. 그렇다/아니다 내 의견을 정확하게 말하되 무례하지 않게 말하는 것이 핵심입니다. 비즈니스 상황에서의 인간관계는 형성하기 어려운 만큼 깨지면 복구하기 어렵고, 그 여파는 한 사람의 문제로 끝나는 것이 아니라 한 부서, 나아가 회사 전체에까지 영향을 미치기 때문입니다.

그렇다/아니다의 스펙트럼

물론 '그렇다/아니다'의 정도에도 스펙트럼이 있습니다. 나는 당신의 말에 격하게 동의한다. 동의한다. 대체로 동의하는 편이다. 나는 좀 생각이 다르다. 그 말에 동의할 수 없다. 절대 반대다. 우리의 생각을 흑과 백으로 딱 잘라 나눌 수 없듯이, 그 생각의 정도에 따라 언어의 온도도 달라야 합니다. 동시에 상대방이 진정성을 느낄 수 있도록 말해야겠죠. 예를 들면 구글 일본팀에 있던 한 동료는 상대의 말에 맞장구를 칠 때마다 무조건 "I know."라고 합니다. "정말 그렇다니까" 정도의 뜻으로 말하는 건데, 10분 대화를 하면 20번 이상은 그 말을 씁니다. 대화 자체가 단조롭게 보이기도 하고 그 표현만 계속 쓰니 '이 사람이 정말 내 말에 전적으로 동의하는건가, 아니면 그냥 건성으로 맞장구치는 걸까' 하는 의구심이 들더군요. 저 역시 상대의 말에 관심을 보이며 맞장구를 칠 때 "Really?" 혹은 "You're kidding." 같은 표현만 입에 달고 살았어요. 우리가 습관처럼 무의식적으로 쓰는 표현이 있고, 새로운 표현을 연습해두지 않아서 늘 하던 말만 반복하게 된 거죠.

4년 전 미국에 오자마자 영어 노트에 가장 먼저 정리해놓은 것이 있는데, 상대방 의견에 동의한다, 동의하지 않는다를 정도에 따라 정리한 것입니다. 예를 들어 상대방 의견에 격하게 동의한다—동의한다—동의하는 것 같다—나는 생각이 좀 다르다—동의하지 않는다—반대한다—완전 반대한다, 이런 식으로 격한 표현에서 좀 더 완곡한 표현으로 말의 섬세한 차이를 구분해놓은 것이죠. 이렇게 동의하는 '정도'에 따라 표현을 정리해놓으니 상대방의 의견에 어떻게 동의하고 반박할 수 있는지, 또 상대를 기분 나쁘게 하거나 무례하게 보이지 않으면서 어떻게 다른 의견을 낼 수 있을지 감을 잡을 수 있었어요. 무엇보다 이 '첫마디'를 반복 학습하여 입에 착 붙여놓고 나면 입을 떼기가 쉬웠습니다. 첫마디를 던지면 그다음은 저절로 따라오는 거예요. 회의 자리에서 말하는 데 자신감이 붙었습니다. 물론 상황에 따라 같은 표현도 뉘앙스가 다를 수는 있어요. 억양에 따라서도 다르게 전달되기도 합니다. 아래 표현들은 모두 다 외우기보다는 자기 입에 잘 붙는 표현 서너 개를 집중적으로 연습해보기를 권합니다.

• 격하게 동의하는 경우. "정말 맞는 말이야. 나도 정말 그렇게 생각해!"

You are absolutely right.

I totally agree with you about that.

I couldn't agree more.

That is so true.

• 동의하는 경우. "나도 그렇게 생각해."

I'm on board with that.

I see it that way, too.

That's just what I was thinking.

I share your view.

• 약하게 동의하는 경우. "그런 것 같아."

You've made a good point.

I see your point.

That's a good point.

I see where you're coming from.

You may be right.

• 강하게 동의하지 않는 경우.

I don't agree at all !

I think otherwise.

I don't think so!

I'm afraid I can't agree with you about that.

I'm not sure I agree with you.

• 다소 동의하지 않는 경우.

I agree up to a point, but⋯⋯

I am afraid that is not quite true.

That might be true, but⋯⋯

That's an interesting idea, but⋯⋯

공감 받는 맞장구 치트키

영어 원어민과의 대화가 잘 이뤄지려면 세 가지 요소가 필요합니다. 1) 잘 알아듣기, 2) 잘 대꾸해주기(리액션 하기), 3) 내가 하고 싶은 말 하기. 그런데 언어가 능숙하지 않은 사람들이 가장 쉽게 빠지는 함정이 3번에만 목매는 겁니다. 영어를 잘한다는 기준이 영어를 '유창하게 말한다'에 있기 때문에 말하기에만 집착한 나머지 자기가 뭘 말할지 생각하느라 상대가 무슨 말을 하는지 제대로 듣지도 못하고, 듣지 못하니까 리액션도 제대로 못하죠.

그런데 생각해보세요. 누군가와 소통할 때 언어와 문화를 떠나 가장 이야기 나누고 싶은 사람은 바로 내 얘기를 잘 들어주고 감정적으로 호응해주는, 즉 리액션이 좋은 사람입니다. 물론 리액션을 하려면 잘 듣는 게 선행되어야 합니다. 상대가 무슨 얘길 하는지 관심도 없이 자기 얘기만 하는 사람과는 영어로든 한국어로든 별로 대화하고 싶지 않지요. 그래서인지 저는 영어를 정말 잘하는 사람은 리액션을 잘하는 사람이라고 생각해요.

미국에서 자란 아들에게 항상 궁금했던 게 있었어요. 아이가 전혀 외향적인 성격이 아닌 것 같은데 주변에 항상 친구들이 많아서 놀랐거든요. 어느 날 아들에게 물었어요. "친구들이 왜 너를 좋아하는 것 같아?" 그랬더니 하는 말이 "나는 리액션을 잘해." 그때 아차 했습니다. 활발한 인간관계에 필요한 것은 말을 잘하는 데 있는 것이 아니라 리액션에 있구나 하고 말입니다.

보통 한국에서는 상대가 말할 때 경청하고 있음을 표하거나 공감을 드러낼 때 고개를 끄덕끄덕하거나 "예, 예" "그렇죠" 정도의 맞장구를 치죠. 정말 깊이 공감할 땐 "맞아, 맞아!" 하면서 박수를 치기도 하고요. 언어적 표현과 비언어적 표현을 적절히 섞어 내가 당신과의 대화에 적극 참여하고 있다는 걸 드러내곤 합니다.

그런데 미국에 와보니 영어로 맞장구치는 게 참 쉽지 않았습니다. 한국식으로 나도 모르게 "어머머"가 튀어나와 민망해지기도 하고, 한번은 "맞아!" 하는 의미로 박수를 짝 치니 상대방이 깜짝 놀라는 '웃픈' 상황도 벌어졌습니다. 보통은 영어로 "Really?" 그다음으로는 "I cannot believe." "You are kidding!" "That's too bad." 정도를 반복해서 사용했지요. 원래 영어 표현이 이렇게 단조로운가 싶겠지만 그렇지 않습니다. 상대방 말에 추임새를 넣어가며 대화의 흐름에 주도적으로 참여할 수 있는 참 다양한 표현들이 영어에는 존재합니다. 이런 추임새만 잘 넣어도 영어를 유창하게 하는 듯 보일 수 있어요.

예를 들면, 좋은 일일 때 쓰는 표현이 이렇게 다양합니다.

I am happy for you!

Good for you.

I'm happy to hear that.

That sounds great!

Lucky you!

Well done.

그렇게 어려운 표현이 아니고 이미 영어 교과서에서 수없이 봤던 문장인데, 영어에서는 이런 맞장구 표현을 참 많이 씁니다. "와 그거 잘됐다! 너무 환상적이네!" 같은 표현이 우리말로 쓰기에는 조금 오글거릴지 모르지만, 그들은 평소에도 참 많이 쓰더라고요.

또 뭔가 잘 돌아가지 않을 때는 아래와 같이 공감하는 표현을 쓸 수 있습니다.

I'm sorry to hear that.

That's too bad.

That sounds awful.

That's a shame.

상대가 열정적으로 말하고 있을 때 "Really?" "Oh, no." "Wow." 같은 표현을 반복한다면, 상대는 자신의 이야기를 진심으로 들어주지 않고 있다는 느낌을 받을 수도 있어요. 무엇보다 대화에 대해 내가 느끼는 반응을 더 솔직하게 표현할 수 있다는 점에서 이렇게 다양한 맞장구 표현을 익혀두면 좋습니다. 그래서 저도 일부러 맞장구 표현을 다양하게 쓰고, 새로 익힌 표현은 적절한 상황에 써보려고 노력합니다. 예를 들면 'What a shame!' 같은 표현은 '아이구, 안타깝다' 정도의 의미인데, 'That's too bad.'나 'That's unfortunate.' 같은 표현과 비슷한 의미죠. 우리말로 직역하면 '아, 창피해'에 가까워서 좀처럼 입에 잘 안 붙긴 하지만, 자주 써보려고 애씁니다.

세대에 따라 사용하는 표현도 좀 다릅니다. 젊은 친구들은 슬랭식의 캐주얼한 표현을 좀 더 즐겨 쓰는 것 같아요. 리프트 운전을 하다가 한번은 10대 학생과 얘기를 하게 되었는데요, 그 친구를 내려주는 곳이 저희 집에서 아주 가까웠어요, 그래서 "We are neighbors! I also live in this area. Just one block away from your place!(우리 이웃이네요! 저도 이 근처 살아요. 한 블럭 떨어진 곳에요.)"라고 했더니, "It's crazy!"라고 맞장구를 치더라고요. 사실 그 말을 들었을 때는 '뭐야, 미쳤다crazy니, 나에게 할 말이야?' 하고 순간 당황했죠. 'It's crazy.'

는 놀라움의 표시로 'I cannot believe it.(정말 우연이다)'과 같은 뉘앙스입니다. 정말 캐주얼한 상황에서 쓰는 표현인데, 미국에서 제 세대 사람들 사이에서는 별로 들어본 적이 없었습니다.

영어를 잘하지 못해도, 이런 맞장구 표현만 잘 쓴다면 상대의 말을 경청하는 사람이 될 수는 있어요. 영어 한마디를 잘하는 것보다 때론 이렇게 적극적으로 듣고 반응하는 자세가 더 중요할 때가 있는 것 같아요. 영어가 자신 없더라도 리액션이 좋아서 분위기를 즐겁게 이끌어가는 사람이라는 점을 십분 활용해 대화에 참여해보면 어떨까요?

구글 이후, 영어가 열어줄 미래

미국 구글 본사에서 4년을 일하고 이 책의 원고를 쓰기 시작할 즈음, 저는 퇴사했습니다. 그동안 미국 IT 기업들은 몸집 불리기에 급급해 경영의 효율성보다는 사람 뽑는 일에 급급했고, 그 결과 거시경제의 불확실성과 함께 코로나 19 팬데믹이 끝나면서 대대적인 구조조정으로 이어졌죠. 실리콘밸리에서만 30만 명 이상이 회사를 그만두었고, 저도 이 대량 해고 칼바람에 휩쓸린 사람 중 하나였습니다.

16년을 구글에서 일했기에 낙담이 컸습니다. 1만 2,000명의 구조조정 대상자는 무작위 선정이었다고 하지만, '왜 나지? 왜 우리 팀이지?'라는 생각에 화도 나고 회사에 배신감도 들었죠. 제가 미국에 와서 키운 팀이 좀 더 자리를 잡고 커질 때까지 2~3년은 더 일하고 싶었는데 말입니다. 미국 영화에서나 보는 장면이었는데, 이렇게 한순간에 자리가 날아가는구나. 지금 제 나이 55세, 구조조정 퇴직금으로 1년치 연봉은 받았지만, 든든한 버팀목 같았던 회사를 떠나야 한다니 마음이 쓰렸습니다. 앞으로의 나의 미래가 불안했죠. 나를 뽑아줄 곳이 있을까? 앞으로 나는 어떤 일을 하게 될까?

고민에 빠진 제게 한 친구가 이런 말을 했습니다. "로이스, 차라리 잘됐어. 넌 아마 신의 직장인 구글을 쉽게 떠나지 못했을 거야. 구글이 널 놓아준 건 신의 한 수야. 어차피 2~3년 뒤에 구글을 떠나 새로운 일을 하고 싶어 했잖아." 구글에 대한 제 애정이 얼마나 깊었는지 가장 잘 아는 친구의 말에 앞날에 대한 걱정이 가시고 가슴속 뭔가가 다시 살아나는 기분이었습니다. 맞아, 그랬지. 이게 바로 구글을 떠날 수 있는 기회다. 16년의 길고 긴 구글과의 인연을 여기서 마무리하자.

저는 다시 취업하더라도 1년 동안은 해보고 싶은 것을 맘껏 해보자는 생각이 들었어요. 대학 들어갈 때, 혹은 회사를 옮길 때 재충전의 시간을 가지는 걸 갭이어라고 하죠. 저도 이번 1년을 갭이어 혹은 안식년이라 생각하기로 했습니다. 그 1년 동안 해보고 싶은 것, 전혀 해보지 못한 것을 맘껏 해보자 다짐했어요. 다시 회사를 들어가면 앞으론 절대 할 수 없는 일들 말이에요. 그 가장 중심에 또다시 영어가 있었습니다.

제가 갭이어 동안 하고 있는 도전은 이름하여 '1만 명 만나기 프로젝트'입니다. 1만 명의 다양한 사람을 만나 그 사람들의 스토리를 듣는 프로젝트죠. 미국에 체류하면서 한국 교민들이 언어의 어려움 때문에 기피하는 미국 마트에서 일하기,

바리스타 도전하기, 우버 운전하기, 바텐더 되어보기, 도서관 사서로 일하기 등 영어로 사람들과 얘기할 수 있는 모든 일에 도전해보는 것이죠. 그렇게 저는 구글을 떠나 실리콘밸리의 '리프트Lyft' 택시운전사가 되었습니다. 스타벅스 바리스타가 되었고요, 미국 슈퍼체인 트레이더 조의 아르바이트생이 되었습니다. 55세에 여전히 새로운 도전을 하고 있죠.

물론 취업에 대해 고민이 없는 게 아니에요. 요즘 미국 취업 상황이 좋지 않아 한국으로 돌아가야 하나 싶기도 했고, 실제로 몇몇 한국 기업으로부터 고마운 제안을 받기도 했습니다. 그런데 이상하게도 돌아가기가 싫었어요. 아니 정확하게 말해 돌아갈 수가 없었습니다. 이 정도의 영어로는 절대 한국에 돌아갈 수가 없는 거예요. 영어를 잘하고 싶어서 미국에 왔는데, 아직은 그 수준이 아니니 절대 돌아갈 수 없다는 결론을 내렸습니다. 1년 동안 1만 명 만나기 프로젝트를 하면서 영어 속에 푹 빠져 살고, 그 이후에 다시 생각해보자고 결심했죠.

1년 동안 1만 명의 새로운 사람을 만나려면, 하루에 27명을 만나야 하고, 그 만난 사람들을 다 모으면 잠실 야구장의 절반 정도를 채우게 됩니다. 당연히 쉽지 않겠죠. 주변 사람들 모두가 이 프로젝트에 대해 놀라워해요. 지금껏 제가 해온 일들과는 다른, 몸으로 부딪혀야 하는 새로운 도전이니까요. 그런데 그 중심엔 영어가 있었어요. 제가 회사에서 늘 쓰던 비즈니스 영어가 아니라, 지금껏 경험하지 못한 다른 환경에서의 영어를 경험하게 되었습니다. 매일매일 배우는 소소한 기쁨은 물론 또다시 좌충우돌하는 영어 생활이 너무 즐겁습니다.

1년의 갭이어가 마무리 단계에 들면서 저는 미국에서 채용 면접을 보기 시작했습니다. 영어 비원어민이 커뮤니케이션 수장 역에 지원하는 거라 자리 찾기가 쉽지 않아 보입니다. 입장을 바꿔 아무리 한국어를 잘한다고 해도 외국인을 한 회사의 커뮤니케이션 총괄로 채용하기는 쉽지 않을 거 같거든요. 단어 하나하나, 표현 하나하나의 뉘앙스를 알고, 한 줄 입장 표명서를 내더라도 그 세밀한 밀당의 언어를 표현할 줄 알 뿐 아니라, '최종 리뷰어'로서 모든 커뮤니케이션의 결과물을 판단하고 책임질 수 있어야 하는데 비원어민에게는 쉽지 않은 일이죠. 최소한 지금의 제 영어 수준에서는 말입니다. 그래도 열심히 지원하고 인터뷰를 보고 있습니다. 다들 인터뷰가 잡히면 부담스럽다고 하는데, 저는 정말 마음이 가볍습니다. 떨어질 때 떨어지더라도 영어 인터뷰는 그야말로 실전이고, 1시간 뚝딱 영어 연습한다는 셈 치면서 진심으로 즐깁니다.

돌이켜보면 나이 마흔에 시작한 영어가 없었다면 이토록 과감하게 새로운 길을 걸어볼 생각을 하지 못했을 겁니다. 구글 미국 본사에서 커뮤니케이션 디렉터로 일할 수 있었던 것도, 그리고 그 커리어를 끝내고 1년의 갭이어 동안 '1만 명 만나기 프로젝트'를 하면서 더 과감하게 다음 행보를 꿈꿀 수 있게 된 것도 영어 때문이죠. 한때 영어 때문에 커리어 성장에 위기감을 느꼈고, 또 영어가 세상의 가장 큰 짐이었던 제가 한국 회사를 선택하는 대신 미국에 머물기로 결정하다니 인생이란 참 알 수 없는 것 같습니다.

저는 지금도 여전히 도전을 꿈꿉니다. 매일의 좌절과 실망을 겪으면서도 영어를 포기하지 않고 계속한 덕분이죠. 더듬거리는 영어를 부끄러워하지 않고 용감하게 말 걸고 공부하면서 버텨온 시간이 지금 저의 가장 큰 원동력입니다. 영어 덕분에 '로이스'를 찾아 외치는 마트 단골 고객이 생겼고, 택시 운전을 하며 출퇴근길에 함께 수다를 떨 수 있는 승객을 만났고, 하트 모양이 그려진 라테 커피 한잔을 웃으며 건넬 수 있는 손님을 만났죠. 영어는 제게 너무 많은 것을 주었습니다. 이 책을 읽는 여러분에게도 영어가 새로운 도전을 향한 단단한 발판이 되기를 바랍니다.

|감|사|의|글|

　제 영어는 사람으로 연결되어 있다고 해도 과언이 아닙니다. 영어를 함께하며 인생을 나눈, 제 15년 영어 인생에 빼놓을 수 없는 분들이 있습니다. 10년 동안 매주 두세 번씩 만나며 영어와의 로맨스를 시작하게 해주신 튜터 고 김태윤 선생님, 미국에서 매일 영어를 가르쳐주시는 튜터 조지프 매클렐런Joseph McClellan, 또 수년간 저와 언어 교환을 해온 마르코 코그넷Marco Cognette, 마지막으로 유창하고 세련된 영어로 늘 저에게 긍정적 자극을 주셨던 구글 코리아 원톱 통역사 천지은 선생님입니다. 우리는 영어를 함께하며 늘 안부를 궁금해 하고 어디가 아프다고 하면 걱정하고 결혼식이라도 있으면 비행기를 타고서라도 만나 정을 나눴습니다. "제 영어 작년에 비해 어때요?"라는 질문에 답하며 영어 향상의 증인이 되어주신 이분들이야말로 영어를 계속 오래 할 수 있는 가장 큰 동기부여였습니다. 카카오톡과 밴드 단체톡방의 친구들, 영어 그룹을 함께한 회사 동료들, 100일 챌린지를 한 페이스북 친구들까지 제가 영어를 열정적으로 지속할 수 있게 해주

신 모든 분께 감사드립니다.

매주 월요일 저녁마다 영상통화를 하며 제 안의 영어 열정을 활자로 끄집어내주신 정다이 편집자께 고마움을 전합니다. 이 책을 쓰면서 열정의 불씨를 계속 활활 타오르게 할 수 있었습니다.

엄마 발음 좀 좋아졌냐고 물으면 늘 "미안한데 엄마, 별로 달라진 게 없어. 그리고 엄마, 원어민 발음 되는 건 꿈도 꾸지 마. 그거 안 돼"라고 너무나 칼같이 객관적으로 말하면서도, 같은 질문에 10번(!)까지는 친절하게 대답해주는 아들 필립에게 고맙습니다. "아들아, 네 영어, 엄마랑 아빠가 돈 댄 거란다! 엄마가 아무리 귀찮게 물어봐도 대답해주렴. 그리고 엄마도 너처럼 영어 잘할 날이 꼭 올 거야. 원어민 영어 그게 별거냐?!!"

영어, 이번에는
끝까지 가봅시다

초판 1쇄 발행 2024년 1월 8일

지은이 정김경숙

발행인 이재진 단행본사업본부장 신동해
편집장 김예원 책임편집 정다이 영어 감수 조지프 매클렐런 마르코 코그넷
디자인 co*kkiri 일러스트 하완 교정 윤희영
마케팅 최혜진 신예은 홍보 반여진 제작 정석훈

브랜드 웅진지식하우스
주소 경기도 파주시 회동길 20
문의전화 031-956-7351(편집) 031-956-7087(마케팅)
홈페이지 www.wjbooks.co.kr
인스타그램 www.instagram.com/woongjin_readers
페이스북 www.facebook.com/woongjinreaders
블로그 blog.naver.com/wj_booking

발행처 (주)웅진씽크빅
출판신고 1980년 3월 29일 제406-2007-000046호

© 정김경숙, 2024

ISBN 978-89-01-27833-9 03320